「帰れ」ではなく「ともに」

石橋　学
板垣竜太
神原　元
崔江以子
師岡康子　著

川崎「祖国へ帰れは差別」裁判とわたしたち

大月書店

まえがき

この本は、差別に苦しむ人々が差別をする側に立ち向かい、差別をなくしていった記録です。具体的には、2023年10月、川崎で、在日コリアンの女性・崔以江子《チェカンイヂャ》さんが、自分に向けられた「さっさと祖国に帰れ」というヘイトスピーチ（差別言動）を裁判で訴え、勝利したことをテーマとします。

崔さんは、ヘイトスピーチがおこなわれた路上で闘い、国会でも意見陳述をし、そして、裁判でも闘いました。差別との闘いで満身創痍となりながら、これから日本社会で生きる子どもたちに差別のない未来を残すため、必死で闘い、成果を残したのです。

私たちは、本書をなによりこれからの未来を担う子どもたちに読んでほしいと考えています。とりわけ高校生くらいまでの子どもたちは、まず、第1章や第6章を読んでみてください。他の部分は関心に合わせて拾い読みでもかまいません。

なんらかの意味で外国にルーツをもつ子どもたち。あなたたちは、日本人から「祖国に帰れ」などと言われて黙っている必要はありません。あなたのルーツがどこであれ、あなたの肌や目や髪の色が何色であれ、あなたはあなた自身であり、あなたがどこに住むか、あなたがどんな大人になりたいか、あなたが決めていいのです。特に朝鮮半島にルーツをもつ子どもたち。とりわけ朝鮮学校に通うみなさん。もし「祖国に帰れ」と言われたら、崔さんの闘いを思い出してくださ い。「祖国に帰れ」は差別。日本の裁判所も認めています。「それは差別だ」と反論していいのです。そう。いっしょに闘いましょう。

本書を手にした日本の子どもたち。あなたの周囲に外国にルーツをもつ友だちはいるでしょうか？「祖国に帰れ」という言葉はまちがいです。なぜなら、日本はあなただけのものではなく、わたしたち日本人だけのものでもなく、日本社会に住む、あらゆる人々のものだからです。「祖国に帰れ」という言葉がなぜいけないのか、第4章を読んで考えてみてください。また、第1章や第6章を読んで、あなたとルーツの異なる人々が日本にいること、そして、それらの人々といっしょに社会をつくっていくことのすばらしさを知ってください。

本書は、研究者や法律実務家、立法担当者、そして差別をなくしたいすべての人にも向けて書かれています。

第3章と第4章は、特に研究者と法律実務家に向けられています。第3章ではヘイトスピーチ裁判の現在の到達点について分析がなされています。第4章は「帰れ」がなぜ差別なのか、膨大な調査の結果から論証します。そして、「帰れ」をめぐる日本のヘイトスピーチの状況から、今の社会全体のあり方が見えてくるはずです。判例法理の到達点と日本社会の現状を確認しつつ、さらなる発展をいっしょにめざしましょう。

第2章、第5章は、特に差別をなくすために法律・条例をつくりたいと考えている人たちや立法に関わる人たちに向けられています。日本は人種差別を正面から禁止する法律がなく、諸外国と比較してマイノリティの人権保障が非常に立ち遅れています。本書は現在までの立法の到達点を確認するとともに、今後必要な立法手段＝国際人権基準に合致する人種差別を撤廃する法制度を提案します。

本書はさまざまな読者のさまざまな読み方を想定しています。ご自身の関心に合わせて、読みやすいところから読み進めていただければ幸いです。

2024年9月

神原　元

「帰れ」ではなく「ともに」——川崎「祖国へ帰れは差別」裁判とわたしたち

―もくじ―

第6章 「帰れ」ではなく「ともに」 崔江以子 205

第1章
ヘイトスピーチと闘うまち、川崎・桜本

さべつは
ゆるしません
さべつは
ゆるしません
判決前日、勝訴を祝う「旗」を手づくりしたハルモニと仲間たち（写真提供：石橋学）

石橋　学

はじめに——2016年1月31日桜本

凍てつくアスファルトの路上に「法の不在」が浮かび上がっていた。

薄い雲に覆われた2016年1月31日午後、在日コリアン集住地区である川崎・桜本のまちにレイシストの集団がせまっていた。

「日本浄化」と書かれた横断幕を先頭に日の丸、旭日旗がはためき、プラカードに「在日は大嘘つき」「帰れ!帰れ!お前が帰れ!半島へ」の文字が揺れる。在日コリアンの住民をターゲットに「死ね、殺せ」と殺害までを呼びかけるヘイトスピーチのデモだった。

歩道には地域住民や差別に反対する数百の人々が連なり、ガードレールから身を乗り出しては「ヘイトスピーチをやめろ」と怒号を飛ばした。が、差別を楽しむレイシストには通じない。

なによりデモ隊は警察によって守られているのだ。デモが滞りなくおこなわれるよう、神奈川県警はマイクロバス30台分の機動隊を投入していた。そこまでして守られるほど、この国でヘイトスピーチは「合法」とみなされていた。レイシストに近づけさせまいと市民の前に立ちはだかる警察官の目に、人権を叫ぶ姿は「表現の自由の妨害者」と映っているのかもしれなかった。

レイシストが肩から提げた拡声器を沿道へ向ける。「気に入らないと差別、ヘイトと言いやがる。そんなやつらは日本に必要ない。朝鮮人は北朝鮮へ帰れ!」

カウンターが「差別をやめろ！」「お前が帰れ！」と叫び返す。

喧噪と人権侵害をまき散らしながらデモ隊は大島3丁目交差点へさしかかった。斜め左に折れたら桜本の住宅街は目の前だ。

「みんな、ここで手をつなごう！」

裏路地を走って先回りしていたひとりの号令に弾かれるようにひとりまたひとりと路上に身を投げ出していく。デモ隊の行く手をさえぎる「シット・イン」――。

ときには既存の法律の枠組みを破ってでも守らなければならないものがある。なにより大切な人権を守ろうと体を張った咄嗟の行動は、1950年代から60年代にかけて米国で燃え広がった公民権運動を思い起こさせた。シット・インは白人専用席に座りつづけた黒人女性、ローザ・パークスの非暴力・直接行動による抵抗「バス・ボイコット」にその名を由来していた。

横断歩道に沿って50人以上が仰向けになり、隣同士で腕を組んだ。自分も続こうという数十人の人垣も築かれた。桜本の住民である日本人がいて、在日コリアンがいて、差別を許すまいと遠くは大阪から駆けつけた市民たちの顔々があった。

見下ろす機動隊員はしかし、無慈悲に警告をくり返した。「あなたたちの行為は道路交通法違反に当たっている。ただちに警察官の指示にしたがい、歩道に上がりなさい」

背後ではレイシストたちが「なんで排除しないんだ。俺たちは許可を得てるんだ」といきり立っている。いよいよ機動隊員が端からごぼう抜きにしようとして倒錯はきわまった。人々の生活の場に踏み入り、在日コリアンを皆殺しにしろと日本人住民にふれまわろうというのだ。市民の生命、安全を守るはずの警察がそのお膳立てをしようとしている。

なぜこれほどの理不尽がまかり通るのか。体を張るしか止めるすべがないのはなぜか。

理由は簡単だった。

法律が道交法しかないから。路上に寝転んではいけないという法律はあっても、人種差別をしてはいけないという法律がないから。どんな犯罪よりも罪深い差別を煽り立てるヘイトスピーチを規制する法律がないからだ。

あたりに悲鳴のような涙声が響いていた。

「お願いです！ 桜本には来させないでください！ この道を絶対通させないでください！ 桜本を汚さないでください！ 僕は大人を信じています！」

地元の川崎市立桜本中学1年、中根寧生《ねお》さん。13歳の少年こそはその8日前、自分たちのまちを守ってほしいと200人を超える市民を前に「ヘイトスピーチを規制する条例をつくってください」と訴えていた人だった。

となりで母親の崔江以子《チェカンイヂャ》さんがやはり泣きながら叫んでいた。

「わたしたちの友だちを守って！」

命の危険にさらされているのは在日コリアンである崔さんであるのに、警察に手をかけられている人たちを案じる姿に胸を突かれる。

そう。わたしたちはずっといっしょに生き、このまちをつくってきた。在日コリアンも、日本人も手をとり合い、ともに――。

市民を路上から引きはがそうとしていた機動隊の手が止まった。無表情を貫く女性警官の目には涙がにじんでいた。地元の警察であれば、このまちがどのようなまちであるのか、知らないはずがなかった。

1 「公害のまち」から「多文化共生のまち」へ

ともに生きる歩み

人口155万を数える川崎市の玄関口、JR川崎駅から車で10分ほど、京浜工業地帯のコンビナート群を望む「桜本」は東日本有数の在日コリアン集住地区として知られる。

地域の子どもたちが通う市立さくら小学校では毎年1月、キムチ漬けの体験教室が開かれる。6年生になると受けられるお楽しみの授業だ。先生役は地域の在日コリアンのハルモニ（おばあさん）たち。90歳を超える大ベテランが手ほどきをする桜本ならではの贅沢な時間である。

その意味は単に異文化を楽しむことにとどまらない。

「昔はキムチのお弁当を学校へ持っていって『臭い。朝鮮人は汚い』といじめられたものです。今ではみんなが喜んでくれる。みなさん、がんばっておいしくつくりましょう」

穏やかな笑みをたたえてそうあいさつしたのは93歳の石日分《ソクイルブン》さん。真っ赤なヤンニョム（タレ）を手に取り、白菜の葉っぱをめくっては「一枚一枚、ていねいに塗っていくのよ。おいしくなあれ、おいしくなあれって」と手本を示していく。

教室には、歩いて5分ほどのところにある川崎朝鮮初級学校の6年生も招かれている。

「おうちでキムチをつくったことあるの？」

「K-POPの歌詞がわかるなんてすごいね」

そんな会話が交わされるなか、「実はおれのおじいちゃんも韓国人なんだ」ととなりの同級生に打ち明ける子どもがいる。

自分のルーツの食文化をみんながおいしいと肯定的に受け止めてくれている。民族名で朝鮮学校に通っている同い年の子がすごいとほめられている。そんなクラスメートの反応が「カミングアウト」の背を押したにちがいなかった。

その晩、6年生の子どもがいる家々の食卓に漬けたてのキムチが並ぶ。

「つくり方を教えてくれたおばあさんは子どものころ、臭いっていじめられたんだって」

子どもたちとの会話から、かつて在日コリアンの同級生をからかったり、いじめを見過ごしてきたりした自らを顧みる親たちは少なくない。学校での学びが家庭に広がり、ひとつひとつ家庭が変わっていき、まちそのものが変わっていく。そんな営みが一年一年、ていねいに積み重ねられてきたのが「共に生きるまち」桜本だった。

その歩みの中心に「川崎市ふれあい館」がある。1988年、地域に根強く残る民族差別を行政の責任でなくしていこうと川崎市によって開設された公的会館である。

児童館と社会教育施設の機能をあわせもち、地域の社会福祉法人「青丘社」が運営を指定管理で担う。孤立しがちなマイノリティの子どもたちの居場所となり、学習支援や生活相談にもとりくむなど、果たす役割は多岐にわたる。

キムチづくりの授業もその一環として館が学校に持ち掛けて十数年前に始まったものだ。3日前から6年生70人分の白菜を塩漬けにし、大量のニンニクの皮をむいてヤンニョムを仕込んだりと、館の職員の働きがあってはじめて成り立つ。ハルモニたちに先生役を頼めるのも、館でおこなわれてきた識字学級でつながりがあったからこそだった。

桜本のまちと在日コリアンとの歴史は、朝鮮半島の植民地支配が始まった1910年代、臨海部の埋め立てを海を渡った朝鮮人が担ったことにさかのぼる。戦中は日本鋼管に代表される軍需工場に多くの朝鮮人が動員され、戦後は地縁血縁を頼って身を寄せ合った在日コリアンが復興から高度経済成長を下支えした。

コンビナート地帯から降り注ぐ煤煙《ばいえん》に覆われたまちはしかし、行政からも置き去りにされてきた。公民館や児童館といった公共施設がひとつもなかった。

1969年、在日一世の牧師、李仁夏《イインハ》さんの娘が幼稚園から受け入れを拒否されるという差別がきっかけとなり、在日大韓基督教会川崎教会の礼拝堂を開放して桜本保育園が開かれる。これからの子どもたちには自分たちのように出自を隠す生き方をしてほしくない。親となった二世世代のそんな思いが、ありのままに生きられる地域づくりへと向かわせた。

在日コリアンとわかった途端、内定を取り消された青年の裁判を支援した70年代の日立就職差別裁判闘争、外国人を治安の対象とみなし、排除か同化を迫る外国人登録法に「否」を突きつけた80年代の指紋押捺拒否闘争と、桜本から全国へ広がった運動も同じ延長線上にあった。民族名を呼び、名乗る地域活動を進めるとともに「差別をなくすには制度を変えることから」と行政への働きかけを始めた。国民健康保険や児童手当、市営住宅などあらゆる制度に設けられた「日本国籍者に限る」という国籍条項の撤廃要求である。

革新市政がそれに応えた。市長の伊藤三郎は指紋押捺拒否者を告発しないと宣言した。「法も規則も人間愛を超えるものではない」という市議会答弁は今も語りぐさだ。

ふれあい館も地域住民の声を行政が受け取めて実現したものだ。その後も1996年、政令市初の一般職員採用における国籍条項撤廃、市政に意見を取り入れるための外国人市民代表者会議の設置など先駆的な外国人施策を進め、「公害のまち」は「多文化共生のまち」として名をはせていくことになる。

そのふれあい館に崔さんは1995年から職員として働く。ヘイトデモに襲われ、長男寧生さんが市民団体『『ヘイトスピーチを許さない』かわさき市民ネットワーク」の決起集会でおこなったスピーチはまちのありようを映し出していた。

「僕のオモニ（お母さん）は在日韓国人です。父は日本人です。僕は小さいころから二つの文化背景があるダブルということを家族やまわりからとても大切にされてきました」「僕が地域を歩いていると『アンニョン』と保育園の先生や地域の人があいさつをしてくれます。僕には日本人の友だちや同じコリアンダブルの友だちや、フィリピン、ベトナム、ブラジルにルーツをもつ友だちがたくさんいますが、その違いでからかったり、からかわれたりすることなく過ごしてきました」「ふれあい館でオモニが働いているなんてうらやましいと言ってくれる友だちもたくさんいます」

そこへヘイトデモが襲った。最初の「川崎発!日本浄化デモ」は2015年11月8日。抗議に走った寧生さんにレイシストはニヤニヤと笑いながら手招きする仕草で挑発してきた。警察官からは「あっちへいけ」と暴言を投げつけられた。まちの入口で地域住民やカウンターの市民が待ちかまえたため、デモ隊は数百メートル手前までしか近づけなかったものの、寧生さんの胸に「今まで生きてきたなかで一番嫌な出来事」として深い傷を残した。

これ以上来させないでほしいと訴えるスピーチはこう結ばれた。

「僕も大切な家族や友人や地域の人たちを傷つけるヘイトスピーチが許せません。オモニがオモニと呼ばれる。アンニョンとあいさつを交わす。商店街の『日本のまつり』で朝鮮のプンムルノリ(農楽)をするとまちのみんなが喜んでくれる。フィリピン料理やバンブーダンスが人気がある。こんなともに生きるまち、川崎・桜本にヘイトスピーチなんて要りません」

違いは豊かさという価値観はこのまちで育まれ、たしかに息づいている。人種・民族に違いを見いだし、それを理由にして排除するレイシズムは桜本の歩みそのものへの挑戦でもあった。

ヘイトデモが桜本を襲撃する

川崎での最初のヘイトデモは2013年5月12日。東京・新宿のコリアンタウンのヘイトデモに参加したレイシストの津崎尚道が自分が暮らす川崎市でも始めたのだ。休日の人出でにぎわうJR川崎駅前を練り歩くルートで3～4か月ごとに開催し、「外国人福祉給付金を廃止しろ」「外国人職員の採用に反対」「反日市長を許すな」と市の外国人施策をネタにすることで排除のメッセージを振りまいた。

それが11回目を数えて「日本浄化」を掲げた桜本襲撃へとエスカレートした。大きなきっかけになったのが2015年9月、桜本でおこなわれた戦争に反対するデモだった。当時国会では憲法が禁じてきた集団的自衛権行使に道を開く安全保障関連法案の審議が大詰めを迎えていた。

ハルモニたちには人一倍の思いがあった。日本の植民地支配の結果、望んでもいない戦争に巻き込まれ、ただでさえ厳しい生活を強いられるなか、差別にもさらされ、より貧しく、よりつらい思いをしてきた。戦争はもうこりごり、子や孫たちには同じ思いをさせたくない。国会前のデモに参加したいが、足も腰も痛くて行けそうにない。だったら自分たちのまちでやればいい。パステルカラーのチマ・チョゴリをまとい、チャンゴの音頭で「戦争反対」「若者を守れ、子どもを守れ」とコールを響かせた。地域住民や差別に反対する市民ら200人が続いた。足が痛いからバス通りを片道300メートルの行進だったが、あの夏、もっとも短くも美しいデモだった。

それが津崎の目にとまった。朝鮮人の分際で俺たちに盾突くなんでとんでもない。同じ通りを俺たちが歩いて、ここは日本だと思い知らせてやる——。市立富士見公園に集まったレイシストが拡声器でヘイトスピーチをぶちまけた。

「韓国、北朝鮮はわが国にとって敵国であります。敵国人に死ね、殺せというのは当たり前だ。差別なんかじゃない。みなさん堂々と言いましょう、ゴキブリ朝鮮人は出て行け。それでいいんだ」「桜本を通すな？　桜本は日本なんだよ、日本人がデモをやって問題ねえんだ。これから存分に、発狂するまで焦ればいい。じわじわじわじわじわ、真綿で首を絞めてやるからよ、ひとり残らず日本から出ていくまでな」

歴史に根ざす平和への願いは、これでもかというほどに踏みにじられた。

「どうして子や孫の代になって差別されなければいけないの」「なぜいまさら出て行けと言われなければならないの」

ハルモニたちは胸をたたいて悲しんだ。戦争反対デモの先頭に立った趙良葉《チョウヤンヨプ》さんはヘイトデモへの抗議でもマイクを握った。

「わたしたちは親が植民地時代に徴用で日本へ来た。わたしはその子孫です。親もわたしたちも日本の戦争中や戦後を貧しいなかで生きてきました。日本には貢献しましたが、迷惑はかけていません。炭鉱で石炭を掘り、日本で働いてきた先祖に感謝するならまだしも、ヘイトスピーチをするなんて許されません」

ヘイトスピーチとの闘いはこの国の歩みから問い直すということでもあった。

2 市民の力で行政を動かす

慎重だった川崎市

大島3丁目交差点で足止めを食っていたデモ隊はほどなくきびすを返し、もと来た通りを引き揚げていった。警備の指揮をとる川崎警察署の署長がコース変更を促したのだ。「けが人が出ては困るので」。やはり人権は理由にはならなかった。

直撃こそ避けられたものの二度も桜本を襲うデモが許可された衝撃は計り知れなかった。二度あることは三度ある。これ以上、摘発のリスクを背負って体を張るのは難しい。そもそも市民の人権を守るのは行政の役目であるはずだ。

川崎市の姿勢はしかし、慎重だった。市人権・男女共同参画室の室長は言った。

「規制する法律がなく、なにがヘイトスピーチなのか判断が難しい」「デモがあるのは確認しているが、沿道からの抗議の声で騒然としていて、なにを主張しているか聞き取れない」

市民ネットワークの申し入れで崔江以子さんは問わなければならなかった。

「子どもたちは川崎市の人権尊重教育によって違いは豊かさだと学び、差別はいけないというのがスタンダードになっています。どうして大人は自分たちのことを守ってくれないのかと大変傷ついています」

ヘイトデモの模様を収録したDVDを手渡し、告げた。

「これを見てください。なにが差別かわからないということにはならない。わたしは子どもの目の前でゴキブリと言われている。死ねと言われている。表現の自由なんかじゃない。子どもたちは、市がひどい差別から自分たちを守ってくれないことにさらに傷ついている」

やれることはなんでもやる

ハルモニたちをこれ以上傷つかせないため、子どもたちを守るため、崔さんはやれることはなんでもやろうと思い定めていた。桜本を飛び出し、人種差別撤廃施策推進法案の成立をめざす超党派の議員連盟の集会に登壇した。

「地域の子どもたちから『なぜヘイトデモが来るのか』と聞かれ、ルールがないからだと答えた。すると『じゃあ大人がルールをつくってよ』と言われた。そのとおりだと思います」

横浜地方法務局川崎支局を、人権侵害の被害救済を申立てに訪れた。崔さんと趙良葉さんはそろってチマ・チョゴリを身にまとった。趙さんには気がかりなことがあった。いつもは元気いっぱいに「ハルモニ！」と駆け寄ってくる孫が、外では韓国・朝鮮語で呼んでくれなくなっていた。ヘイトデモのせいにちがいないと考えるハルモニは記者会見で机につっぷし、嗚咽した。

「さまざまな差別を受けてきて、いろいろと訴えてきました。国会でデモをしたこともありましたが、今回が一番しんどい。子どもたちがかわいそうで、あまりにしんどくて」

市民ネットワークも運動を本格化させていく。大阪市では2016年1月、ヘイトスピーチ対策を定めた全国初の条例が成立していた。先例を学ぶ講演会を開き、自治体がその気になればできるのだと力を得た。川崎市に対策を求める署名活動も開始した。

寧生さんは「市長への手紙」で問うた。

〈「朝鮮人は敵。敵はぶち殺せ」と学校で言えば、先生は注意をします。表現の自由だから尊重するなんて言いません。市長さんはどう考えますか？〉

福田紀彦市長から短い返信があった。

〈とても残念に思います。しかし現行法令での対処が難しいため、国に対して法整備などを要望する準備を進めています〉

その国会に崔さんが立つことになった。人種差別撤廃施策推進法案の審議に参考人として呼ばれたのだ。川崎市ふれあい館職員と名乗った崔さんは「正直、怖いです。表立ってヘイトスピーチの被害を語ると、反日朝鮮人と誹謗中傷を受けます。わたしは反日の立場で陳述するのではけっしてありません」と前置きをしなければならなかった。意を決して言葉をつむいだ。

「差別があっても『法律がない』と差別が放置されたままでは、いつかわたしたちは本当に殺されます。白昼堂々と死ね、殺せとマイクを持って叫ぶ成人男性が、警察にその主張をする場を守られている。いつか本当に殺されます」

ヘイトスピーチとは表現の自由の問題ではなく、命が脅かされていると伝えたかった。

「法律で守ってもらわなければ命の危険を感じる生活になるとは思ってもいませんでした。わたしの子どもはエレベーターでとなり合った人がヘイトスピーチをする人かもしれないと恐怖で逃げ出したくなり、駅のホームから母親が突き落とされるのではないかと心配しています」

与党が呼んだ憲法学者2人はなおも表現の自由を盾に慎重な姿勢を強調した。反論したのはもうひとりの当事者、龍谷大法科大学院教授の金尚均《キムサンギュン》さんだった。

「ヘイトスピーチはなにより人間であるということが否定されます。この社会がなぜあるかというと、人間が人間として生きるためにあります。それを否定するものが憲法で保障される表現の自由かと言われると、わたしはまったく違うと考えます」

京都朝鮮第一初級学校に押しかけたレイシストが「スパイの子どもやないか」「キムチくさいねん」「保健所で処分しろ」と悪罵のかぎりを尽くした2009年と10年当時、娘を学校に通わせていた金さんはやはり命の問題を説いた。

崔さんが駄目を押した。

「対抗言論で解決してもらえるなら、ぜひ現場に来て、ヘイトスピーチをする人をみなさんの言論で説得し、改心させてください」

9日後、桜本の視察が実現した。秋祭りで朝鮮半島に伝わる農楽「プンムルノリ」のパレードが風物詩となっている桜本商店街を案内し、ふれあい館で趙さん、寧生さんたちが声を届けた。

公明党の魚住裕一郎氏は「ここは生活の現場だと感じた。子どもも高齢者もいて、商売もしている。多文化共生にとりくむなかでのヘイトスピーチにあらためて心を痛めた」と明かし、自民党の西田昌司氏は「自分のルーツを隠して生きていくのではなく、自分らしく生きていきたいという言葉は身につまされた。これは在日だけでなく、あらゆる日本人、あらゆる人間がもつ共通の意識だ。尊厳を傷つける行為を放置するのは、われわれの社会ではありえない」と言い切った。

ヘイトスピーチ解消法を力に

潮目は変わった。5月24日、ヘイトスピーチ解消法が成立した。マイノリティを苦しめ、地域社会を分断する差別的言動の害悪を前文に明記し、国や自治体に解消に向けてとりくみを求めた。禁止・罰則規定のない理念法ではあるが、初の反人種差別法という歴史的な意義があった。

川崎市の福田市長は「ヘイトスピーチは許せない」と強調する一方で「公園を貸さなかったり、デモを止めたりするのは現行法令では難しい」とくり返してきた。不十分とはいえ根拠となる法ができた。市民ネットワークのメンバーは3万1553筆の署名をたずさえ、市長と面会した。

「わたしたちのまちの共生の思いが国会に届き、根拠法ができました。自治体も根絶に努めると明記されている。市民とともにこの法を生かし、歩みを進めてください」

まっすぐ見据える崔さんに市長は答えた。

「自治体でやれることをやり、ヘイトスピーチがおこなわれないようにします」

その言葉どおり、「日本浄化デモ第3弾」を計画した津崎に市は公園の使用を認めなかった。

「市民の安全と尊厳を守るため」という英断は、伊藤三郎元市長の「指紋押捺拒否者の不告発宣言」を思い起こさせる響きがあった。

市の判断にお墨付きを与えるように、横浜地裁川崎支部はヘイトデモを禁じる仮処分決定を出した。範囲は青丘社の事務所から半径500メートル。重ねてきたともに生きる営みの尊さをふまえ「予防される権利」を認める判断だった。

桜本は守られた。

どこまでも卑劣な津崎は、ならば、と約10キロ離れた中原区・武蔵小杉でデモを計画した。解消法施行3日目の6月5日、1000人規模の市民がデモ隊を取り囲んだ。

そしてふたたびのシット・イン。

もう機動隊の向きが180度違っていた。デモ参加者に正対し、路上の市民が車にひかれないよう交通整理にいそしんだ。レイシストが合法を誇った時代は過去のものになったのを思い知った瞬間にちがいなかった。

うろたえながら「あいつらを排除しろ」と指図する津崎に県警の現場責任者は告げた。

「できない。これが国民世論の力なの」

法が導いた人権という名の正義だった。

訴えの代償

2か月後の2016年8月2日、横浜地方法務局川崎支局は津崎尚道に対して勧告をおこなった発表した。ヘイトスピーチ解消法の趣旨をふまえ、桜本を襲ったヘイトデモは不当な差別的言動に当たり、人格権を侵害する不法行為だと認定したのだ。

「わたしたちの被害が国によって人権侵犯と認められ、うれしく心強い。ヘイトスピーチによって人権と尊厳を傷つけられてきたすべての人に向けられた結果です」

かみしめるような崔さんの言葉には痛切な響きがあった。

「わたしの命は、わたしたちの命は、死ね、殺せと言われる、生きるに値しない命なんかじゃない。法によって、司法判断によって、行政機関によって大切にされた、かけがえのない、尊厳のある命。だから殺されないで生きる。尊厳をもって生きて、これからも差別根絶のため、やれることすべてを尽くす」

平穏を取り戻した桜本のまちだったが、崔さんは安寧とはほど遠い日々を送っていた。

「殺される夢を見た日からうまく眠れない」

ヤフーの検索サイトに名前を打ち込む。〈崔江以子、お前何様のつもりだ！〉〈嫌なら即刻出て行け〉〈祖国で暮らしなさい〉。ヒット件数は80万超。「ネットリンチ」が日ごと激しさを増していた。

人権侵犯被害申告や国会での意見陳述がきっかけだった。新聞記事やニュース番組で使われた顔写真や動画が無断引用され、ヘイトスピーチの的にされたのだ。

わらにもすがる思いで被害を訴え、差別をやめてと呼びかけた途端、みせしめにさらなる差別が襲うという歯止めのなさ。〈原因菌は元から断たないとダメ〉〈あなた方に消えてほしいと願っている〉と殺害を想起させるものまで世界中に拡散され、禁止・罰則規定のない理念法の限界が早くも露呈していた。

たまらず地元の川崎警察署へ駆け込んだ。警察のアドバイスにしたがい、自宅の表札を外し、家の外では他人のふりをするよう子どもたちに言ってきかせた。

「相手はわたしの顔も職場も知っているが、わたしには誰だかわからない。いっしょにいるところを襲われたらと思うと、近所のコンビニ店にも行けない」

なにを食べても味がしなくなり、左耳の聴力を失った。

居間のソファで涙を流しながら寝落ちしている崔さんを寧生さんは何度も目にしていた。毎朝スマホで新たな書き込みを確認するのが日課になった。母親を守るためだった。寧生さんに対する攻撃も始まり、崔さんもスマホで検索しつづけた。

「子どもより先に見つけて、励ます言葉を準備しなければならなかったから。数の多さには慣れていくことはできても、一件一件しっかり傷ついた」

インターネットは見なければいい、気にしすぎだという声がいかに現実を知らない空論であるか。なにより仕方がないとやりすごすことは差別を放置することになる。インターネットこそがヘイトの震源地であり、拡声器なのだ。解消法も付帯決議で対策の実施を求めていた。横浜地方法務局に出向いて削除要請を求めた。違法行為と認定され、プロバイダ企業もそれに応じた。

「ネットでの書き込みに触れ、差別を目の前に沈黙を強いられ、苦しんでいる人たちの希望になる。国が人権侵害と認定し、許されないものとして削除を求めてくれたことが心強い」

数えきれない差別書き込みのうち、とりわけ悪質なごく一部ではあるが、大切な一歩であることにはちがいない。

「殺されるかもしれないという恐怖は、心を強くして克服するのではなく、助けを求めていい、助けてもらえると示された。これからも泣き寝入りしない。仕方がないなんて諦めない」

やれることはすべてやる崔さんの「あるを尽くす」の精神が、匿名でヘイトを楽しむ差別者を引きずり出し、ここでも法の不在が浮き彫りになっていく。

ヘイトの耐えがたい落差

無数の匿名アカウントで崔江以子さんをもっとも苦しめたひとつが「極東のこだま」だった。

〈ちょいと近所まで買い物に。チェカンイジャとすれ違わないかな♪〉

〈ナタを買ってくる予定。川崎のレイシストが刃物を買うから通報するように〉

近所に住んでいるかのようにおわすツイートが恐怖をかき立てた。

具体的に口にされる「死」に息をのむ。

「わたしが死ななかったのは、死ねなかったのは、家族の苦痛を増やすわけにいかなかったから。脅せば黙る。生きることを諦めさせられる。差別への批判を封じ込める。そんな成功体験を許すわけにいきませんでした」

2018年5月、川崎警察署が藤沢市の池田茂幸を脅迫容疑で書類送検したことを受け、崔さんは記者会見でそう明かした。

1年9か月にわたってまとわりつきつづけた。勤め人なのか、年末年始やゴールデンウィーク、お盆と休日になると投稿が増えた。こちらはいつ襲われるか知れず、地域のお祭りにも、銭湯にもいっしょに行けず、子どもたちに我慢を強いている。ひいきのプロ野球チームが勝った負けた、晩酌に飲んだ芋焼酎の銘柄といった趣味の投稿とともになされるヘイトツイートの数々に落差を思い、耐えがたかった。

「正直、生きるのを諦めたくなる瞬間もありました。『死ね』『いなくなれ』と言われないでふつうに暮らしたいだけ。くり返される差別書き込みや脅迫によって、告訴せざるをえない状況に追い込まれたのは本当に厳しくつらいことでした」

「わたしが母親でなかったら子どもが甘えられるのに、こんな母親ならいないほうがましだと、消えたくなったこともあります」

蓋を開ければ、藤沢市在住、見ず知らずの男。悪意は想像以上だった。だが、2019年2月22日、横浜地検川崎支部は不起訴処分にしてしまう。県迷惑行為防止条例違反で告訴し直した。

「このままでは被害がなかったことにされてしまう。無罪放免なんて許されない。脅せば差別への批判が封じられるという差別者の成功体験にさせるわけにいかなかった」

師走も押しせまった2019年12月27日、罰金30万円の処分が下った。ヘイトスピーチに関する事件でこの種の条例の刑事罰が適用されるのは全国初のことだった。

「匿名の書き込みでも人物が特定され、刑事責任が問われる。差別は許されないという社会の正義がやっと示された」。そう話す崔さんの顔に笑みはない。単に名誉が害されたのではない。

受けたのはヘイトスピーチという差別による被害だ。指先ひとつのツイートで一家の生活が破壊された。奪われた家族の時間は取り戻せない。ただの脅迫や迷惑行為ではないからこそ、差別だからこそ、なにをされるかわからない恐怖がある。差別そのものを罰し、その罪深さに応じてより重い処分を下す法の不在がここにも断絶を刻んでいた。

崔さんは「残念ながら、この結果が報道されれば、また『帰れ』『反日』と攻撃されるでしょう。年末年始の休みなので数も増えるにちがいありません」と言い、それでも前を向いた。

「でも、犯罪として罰せられたことで無責任におもしろがって書き込む人は控えるようになるはず。ネットの被害に遭っている人に絶望だけを見せることにならず、少し安心できる」

希望を求めていたのは、寧生さんもそうだった。

3　しかしヘイトは止まらない

涙の訴えふたたび

少年の涙の訴えをふたたび耳にするとは思っていなかった。

桜本を守ってとスピーチしたあの日から5年の月日が流れた2021年2月15日、高校の卒業を目前に控えた寧生さんは東京高裁の法廷に立っていた。

大分市に住む竹下祐二を訴えた裁判だった。2018年1月、「写楽」と名付けた匿名ブログで寧生さんを名指しし、およそ人としてありえない醜いヘイトを書き連ねた。

〈日本国内に「生息」している在日という悪性外来寄生生物種の一派〉〈チョーセン・ヒトモドキ〉〈見た目も中身ももろ醜いチョーセン人!!!〉

68歳、大好きなハルモニと同世代であることになにより驚いた。

意見陳述は自ら希望した。

「僕の父は日本人、母は在日朝鮮人です。小さいころから二つの文化背景があることを家族や学校の先生や友人、地域のみなさんに大切に尊重され、自分でも大切にしてきました」

中学1年生だったころと同じように切り出した。

発端は音楽イベントを取り上げた神奈川新聞の記事だった。参加していた寧生さんと平和のメッセージを伝える自作のラップが紹介されていた。ネット掲示板にスレッドが立てられ〈氏ね(死ね)!〉〈日本の寄生虫ゴキブリめ〉〈在日は殺せ〉という攻撃が押し寄せた。

とりわけ悪質だった竹下を侮辱罪で刑事告訴した。川崎簡易裁判所は科料9000円の略式命令を出した。匿名者によるネット上のヘイトスピーチが侮辱罪として処罰された初のケースではあったが、被害に対する量刑があまりに不釣り合いだった。実際反省も見られず、民事訴訟を起こしたのだった。

「僕は悪性外来寄生生物種ではなく、人もどきではなく、中身ももろ醜いチョーセン人ではなく、家族に愛されて、家族を大切に思い生きる人間です」

言葉にすれば悔しさがよみがえる。

「このブログについて警察に相談に行った際、僕は苦しくて泣いてしまいました。その帰り道、母は『わたしが朝鮮人だからこんな思いをさせてしまってごめんね』と言いました。僕はそれまでそんなことを思ったことはありませんでした」

オモニは悪くない――。思いが涙となってあふれ出た。前夜、書き上げた原稿を崔さんの前で読み上げたときも二人で泣きはらしたのだという。

「僕のことを大切に育ててくれた母が、自分が親じゃなかったらと悔やむという取り返しのつかないことが、写楽のブログによって起きてしまいました。僕たち家族にとってこのことは一生消すことのできない、深い傷となると思います」

横浜地裁川崎支部は差別による人格権侵害を認め、91万円の支払いを命じた。なおも謝罪はなく、控訴した。2021年5月12日、東京高裁は賠償額を約40万円積み増し、130万円の支払いを命じた。「差別され、地域社会から排除されない権利」に言及した一審判決を維持したうえで、「不特定多数が容易に閲覧できるインターネット上に投稿されており、中学3年生という多感な時期で精神的苦痛は多大。成長にも悪影響を及ぼしかねなかった」と批判を重ねた。言葉は届いていたのだ。

会見で「今日の判決で正しく差別が罰せられたことは差別をなくし、社会を良くする希望になる。僕自身、家族といっしょに差別の被害から回復していけたらいい」と前を見据えた寧生さんだったが、こうも言った。

「警察や裁判でその都度思い出したくないことを何度も伝えなければならず、本当にしんどかったです。差別の被害者が裁判に訴えなくても相談できて救済される制度を望みます。ヘイトスピーチやヘイトクライムを本気で止めるためのルールが必要だと思います」

オモニを守るためだった。5年前、「ともに生きようと呼びかけるだけで悪いことをしているわけではないから」と顔も名前も隠さず登壇した寧生さんだが、今回は少し違った。

「僕が顔と名前を出すことでオモニに集中している矢を少しでも減らせると考えました」

1か月前に大学に進み、アメフトで鍛えられた大きな背中を崔さんがじっと見つめていた。崔さんへの攻撃はネットリンチから脅迫というヘイトクライムにおよび、防刃ベストにアームカバーを身に着けなければ外出もままならない状況にまで悪化していた。

相次ぐヘイトクライム

川崎市ふれあい館に在日コリアンの殺害宣言が届いたのは2020年の年明けだった。

〈謹賀新年　在日韓国朝鮮人をこの世から抹殺しよう。生き残りがいたら、残酷に殺して行こう〉

新年の喜びを交歓するはずの年賀状に刻まれた殺意が絶望をより深いものにした。

3週間後、爆破予告が市の出先に届く。子どもから「僕たちは殺されちゃうの」という不安が漏れた。利用者は前年の3分の2に急減した。

県警が逮捕したのは元市職員の荻原誠一。在職中、部下で在日コリアンの職員に対する差別的発言を問題視されたことを逆恨みしていた。その職員がふれあい館と関わりを持っていると認識し、嫌がらせをしようと犯行におよんでいた。

初公判の被告人質問では「(部下の職員を)おとしめたかった」と述べ、同館への脅迫は「在日の方への差別目的だった」と認めた。

被告人を前に崔さんが意見陳述に立った。

「利用者の子どもたちは、自分たちはこの社会で在日コリアンというだけで虐殺対象、爆破対象なんだと絶望を刻みつけられてしまいました。『違いは豊かさ』と伝えてきたふれあい館の営みは現実の差別で打ち砕かれ、説得力を失ってしまいました。このような差別犯罪が許されるなら、在日コリアンはこんなことを言われてもしょうがない対象なのだという偏見がさらに広がり、定着してしまうでしょう。模倣犯も出てきてしまうのが恐ろしいです」

あの日以来、館に戻ってこられない利用者がいる。差別があるから居場所が必要なのに、差別が居場所を奪ったのだ。ましてや新型コロナウイルス禍のさなかである。公的施設のふれあい館はただでさえ孤立したマイノリティの命綱だった。

だが「最後にひと言」と促された被告人は「裁判官さん、検事さん、弁護士さん、迷惑をかけ申し訳ありません」と述べただけで、目の前の崔さんはおろか、マイノリティの被害者への謝罪がまったく抜け落ちてしまっていた。

いよいよ差別を厳しく罰する必要があった。だが判決に「差別」の2文字はなかった。刑事法廷で初めてマイノリティの被害者が思いを述べたというのに、検察も論告で「差別的な脅迫文を2度送っており、悪質性が顕著」と断罪していたというのに。懲役1年の実刑という威力業務妨害では異例の重さだっただけに、差別の用語を回避する規範の欠如が際立った。

救いはまちの反応だった。桜本商店街振興組合の渡辺正理事長は「こんなときだからこそみんなで利用して地域の100人の目、1000人の目で館を守りたい」と言った。30年以上続く商店街の秋祭り「日本のまつり」で披露される「プンムルノリ」の中心はふれあい館のチャンゴクラブのメンバーだ。

「みこしや和太鼓といっしょにあるのがこのまちでは当たり前。『在日』とひとくくりにするのがおかしいし、そのうえ『抹殺しよう』とは。攻撃されているのは在日コリアンも暮らすわたしたちのまちそのものだ」

かつてふれあい館の建設反対運動も起きた地元町内会の山口良春会長は連日、パトロールを買って出てくれた。

わたしたちの歩みはまちがっていなかった。懸命に顔を上げた崔さんにしかし、さらなるヘイトクライムが襲いかかった。

2021年3月18日、脅迫物が送りつけられた。館のポストに投函された封書に強烈な悪意と蔑視が詰め込まれていた。A4用紙に「薄汚い朝鮮人」「日本から出ていけ」「朝鮮人豚ども根絶やし」といったヘイトスピーチが並び、「死ね死ね死ね死ね死ね死ね死ね死ね死ね死ね死ね

死ね死ね殺ろ」と結ばれていた。「コロナ入り残りカスでも食ってろ自ら死ね」とも書かれ、開封済みの菓子の包装袋が同封されていた。

「またかという気持ちだが、またもやだ」。崔さんは声をふりしぼった。

「黙ってしまえば『朝鮮人は死ね』という行為者の成功体験になってしまう。本当に二度とヘイトクライムが起きないよう行政が対応し、こんなひどいことが許されないという社会正義が示されると信じて告訴状を出しました」

4 「祖国へ帰れは差別」裁判の提起

踏みきった民事訴訟

平仮名で「さべつはゆるしません」と書かれた横断幕を背に記者会見に臨んだ。

毎週水曜、桜本で続く学びの場「ウリマダン（わたしたちの広場）」に通う在日コリアン一世が一人一文字ずつ寄せ書きした。崔江以子さんが起こした裁判を応援しようと筆をふるった。

ウリマダンは1980年代、ふれあい館が始めた識字学級が始まり。差別と貧困で学びの機会が得られなかったハルモニたちは老いのときを迎えて初めて鉛筆を手にすることができた。自らを表現する喜びとともに覚えた尊い筆から見守るようなぬくもりが伝わる。戦争反対のパレードで「子どもを守れ」と声を上げ、ヘイトデモには「どうしてさべつをするの!!」という横断幕で抗ったハルモニたちだった。

法廷でレイシストと対峙することになる民事訴訟には反対する声もあった。でも生きるため、殺されないため、暗がりに希望をつかみだそうとまた一歩を踏み出したのだった。

それは絶望にちがいなかった。ヘイトスピーチ解消法ができ、桜本は守られた。施行3日の2016年6月5日、悪あがきのように強行しようとした津崎尚道たち十数人のデモ隊は、1000人もの市民の抗議に阻まれ、10メートルも進めなかった。

法に守られ、きょうよりいい明日が始まると希望を感じた8日後の6月14日のことだった。

〈日本国に仇なす敵国人め。さっさと祖国へ帰れ〉

「ハゲタカ鷲津政彦」を名乗る匿名ブログが突如、ヘイトスピーチを投げつけてきた。

〈お前何様のつもりだ〉〈日本国は我々日本人のものだ〉

横浜地方法務局に救済を申し立て、削除要請を受けたブログ運営会社「サイバーエージェント」によって記事ごと削除された。

あろうことかブログ主は崔さんを逆恨みした。人権侵害と認定した法務局でも、差別を禁じた自社ルールに違反していると判断した運営会社でもなく。

「わたしが朝鮮人だから、女だからだ」

ブログ主はレイシスト以外の何者でもなかった。2016年10月から発信者情報開示請求によって身元がわかった20年まで、ブログやツイッターで「被害者ヅラした差別の当たり屋」「被害者ビジネス」などと攻撃し続けた。5年間で少なくとも70件に上った。

つくば市在住、篠内広幸といった。削除されて懲りると思いきや、さらに攻撃してくる卑劣漢なのだ。裁判で責任を問い、止めるしか手はなかった。そうしなければ本当に殺されてしまう。「わたしを『日本の敵』と示し、日本にいてはいけない人物だ、だから祖国へ帰れと、世界中の人々が見られるネットの空間にさらし、たたいていい『的』として差し出したのが、このブログでした」

法に魂を入れるという思いもあった。ヘイトスピーチ解消法の施行から5年たっても「帰れ」が野放しになっている。裁判所が「差別で違法」と示すことで法や条例の運用が後押しされるはずだ。

そもそも司法によらない国内人権機関があれば被害者が苦しまなくて済む。差別を断罪する判決を勝ち取り、その立法事実でもって被害を止める包括的な差別禁止法の制定に道筋をつけたい。

誰より身をもって痛感してきたことだ。崔さんは確かめるように会場を見渡した。

「ネット上のヘイトと向き合うのは孤独で、のみ込まれそうになることが何度もあった。誰にもわかってもらえないのではないかと。でもこうして提訴できたのは、わたしはひとりではないから。ハルモニたちは震える手で一文字一文字に応援の気持ちを込めてくれた。心強い弁護士84人が弁護団を組んでくれた。家族や地域や職場の仲間にも支えられている。これから始まる裁判は二次被害がともなうが、司法を信じ、仲間を信じてがんばっていきたい」

「ともに」の桜本の歩みそのものだった。

言葉をつむいで

意見陳述ではいつもどおり、自分だけではない、世代を超えた思いに心を寄せながら裁判官にていねいに語った。

「『祖国へ帰れ』というヘイトスピーチは在日一世のハルモニ方が一番つらいと言う言葉です。来たくて日本へ来たわけではないのに、どうして今さら帰れと言うのか。今までたくさん差別をされてきたけれど、一番つらいと胸をたたいて涙を流された言葉です」

「『祖国へ帰れ』は、これまで社会が築いてきた共生社会そのものを否定し、日本人以外は市民として認めないという差別排除を象徴する言葉です。わたしは命をつないでくれた親の生、これまでのわたし自身の生、大切な子どもの生、そして未来を生きることまでも否定されたかのように感じました」

すべては命の問題なのだ。

「わたしが裁判を起こしたのは、その絶望の闇に殺されないため、死なないためです。ネットの差別投稿が人の命に関わる、命が絶たれる被害をもたらすことを見つめ、差別をけっして許さない司法判断がなされることを心から望みます」

師岡康子弁護士が質問者となって本人尋問にも立った。

――どんな思いでふれあい館で働いてきましたか。

「高校生でふれあい館に出会い、在日コリアンだと隠さないで生きること、本当の名前を名乗って生きることを支えてもらいました。自分が支えてもらったように、下の世代や子どもたちを支えたい。本当の名前で生きることはつらいことではなく、本当の名前で生きても差別されないということを支えたいと思ってきました」

――崔さんにとって「帰れ」とはどういう意味をもちますか。

「命をつないで大切に育ててくれた親の生、わたしが命をつないだ子どもの生をもなかったことにする、わたしを刺す言葉です」「おまえはこの社会のメンバーではない、この社会には要らない人間だと存在を無効化するものです。さらにわたしが出会いともに生きてきた人たち、重ねた時間、思い、信頼、分かち合った愛情、すべてを無効化し、これから先、日本で生きる未来を奪う言葉です」

――裁判所に言いたいことは。

「わたしに向けられた『祖国に帰れ』という言葉を差別と認め、差別だからいけないと判断し、この言葉に苦しめられてきたわたし、多くの在日コリアンたち、ハルモニたち、子どもたちの被害を止めてください。わたしたちが日本で生きていくことをどうか守ってください」

その語りは法廷の外から輪を広げていった。閉廷後の報告集会では、崔さんの勇気に連なろうと駆けつけた在日コリアンの友人たちが言葉を寄せた。

「自分たちは日本社会で生きていいのか、いつなにをされるかわからないという恐怖心をずっと抱えている」。子どもたちの目の前でヘイトスピーチをぶちまけた京都朝鮮第一初級学校襲撃事件を引き合いに出したのは、ウトロ平和祈念館の運営に当たる郭辰雄《カクチヌン》さん。同館は桜本と同じ在日コリアン集住地区である京都府宇治市のウトロ地区の歩みを伝える。そのウトロでは2021年8月、民家など7棟が全半焼する放火事件が起きていた。「被告人は『韓国人が嫌いだった』と動機を述べた。『帰れ』と言われつづけ、いつまたヘイトクライムが起こるかわからない」

東京MXの番組「ニュース女子」で沖縄での反基地運動の「黒幕」と中傷され、制作会社「DHCテレビジョン」を相手に裁判を闘った辛淑玉《シンスゴ》さんは「明治時代から続く朝鮮人差別のうえに『帰れ』がある。その帰結がウトロの放火事件で、『帰れ』が意味するのは『帰らなければなんでもする』ということだ」と言った。「闘っているのは日本社会にこびりつく差別感情で、たやすく『帰れ』と言える日本社会の無知と歴史に挑戦する裁判だ」と鼓舞するように語った。

作家の朴慶南《パクキョンナム》さんは「この国は日本人のための国だから出て行きなさい」と面と向かって言われたことがあると明かした。「100年前に海をわたった一世の祖父母から両親、わたしや子どもまで言われつづけている。ここに生きていいと認められず、存在が認められないつらさをずっと感じてきた。『帰れ』が許されない言葉だと認められれば大きな一歩になる」

ピアニストの崔善愛《チェソンエ》さんは1980年代、外国人を犯罪者扱いする外国人登録証への指紋押捺を拒否した当時の思いを「服従を強いる社会に否と言いたかった」と述懐した。返ってきたのが「帰れ」と書かれた脅迫状の数々だった。「日本で自分の存在は害なのだと思い知らされる言葉。ここにいてはいけないとすり込まれ、問題に突き当たるたび自分が日本人ではないからだと考えるようになってしまう。この裁判を、安心して人を信じられる社会に変わる契機にしたい」

やはり差別主義者の桜井誠らを訴えた李信恵《リシネ》さんは傍聴に足を運ぶたび、横浜地裁川崎支部近くの「平壌冷麺食道園」で冷麺をすすった。「わたしの裁判でも冷麺を食べて勝ったから」

留学中のカナダからやって来た社会学者の鄭暎惠《チョンヨンヘ》さんは「カナダのニュースでもこの裁判が報じられ、応援していた」と言う。

誰もが切実で、いっしょに闘っていた。

小説家の深沢潮《うしお》さんは言った。「きょう、道ばたの花がきれいだなと思いながら、カンイヂャさんはどんな気持ちで判決を待っているのだろうと胸がつまった。つらいことが多くて、見ないようにすればいい、事を起こさずやりすごそうというマイノリティはたくさんいて、わたしもそんな気持ちになりかける。でも、こうして立ち上がって闘っている人、支えている人がいて、この場に『生きていていい』と肯定された思いになる。みなさんに感謝を伝えたい」

「希望を見つけにきた」と裁判を起こした崔さんだが、すでに希望をつくりだしてもいた。

あるを尽くした先に

心が折れそうな瞬間は何度もあった。

被告は「誹謗中傷を行い、人格権を傷つけ名誉を侵害したことを心よりおわびします」と手紙で示していたが、提訴されるやヘイトスピーチには当たらないと言い張った。

「『嫌なら祖国へ帰るなり、生きやすい国に行くことも検討してみては？』もヘイトスピーチらしいから、こう言うしかないよね。『郷に入りては郷に従え』」などとヘイト投稿も続けていた。

完全な当てつけでしかなかった。

本人尋問では被告側代理人の関峻志弁護士が「削除要請の活動が日常的なルーティンになり、ある種の仕事になっている。ライフワークのようだ」と言い放った。誰が好き好んで差別され、それを確かめるというのか。被害者をおとしめるヘイトスピーチにほかならなかった。

「相手の準備書面を読んで裁判を続けられる自信がなくなっていた。師岡さんが民事訴訟に反対していたのがよくわかった」

裁判が記事になるたびネットリンチが勢いづいた。前を向いていないと転落してしまいそうな綱渡りの日々。

「差別をする人は決まってそんなつもりはないと言う。どんなつもりでも、こちらのつらさをわかってもらうのは大変すぎる。差別だから許されないという判決を勝ちとり、1ミリでも前へ進んでいきたい」

攻撃が始まり7年、提訴から3年、なんとかたどりついた2023年10月12日の判決言い渡し。桜井佐英裁判長は、地域社会から排除され、尊厳を害されることなく平穏に生活する権利を認め、「祖国へ帰れ」はヘイトスピーチ解消法に定める不当な差別の言動で、憲法13条で保障されている人格権を侵害する違法なものと認定し、110万円の支払いを命じた。「差別の当たり屋」「被害者ビジネス」についても名誉感情毀損に当たるとして、84万円の賠償を命じた。その被害を「地域社会の一員として過ごしてきたこれまでの人生や存在自体をも否定する」としたくだりは、崔さんが半生から語り起こした訴えへの応答にほかならなかった。言葉を尽くした切実さゆえの懸命さ、子どもたちとの約束を果たそう、責任を果たそうという誠実さの勝利だった。

横浜地裁川崎支部の正門前。「旗出し」役の寧生さんの手に「さべつはゆるしません」の文字が揺れている。横断幕に続き、ねぎらいたい、喜びを分かち合いたいと前日にハルモニたちがまた一肌脱いだのだ。

記者会見。「みなさんありがとうございます」という崔さんを拍手が包む。

「想像以上に大きな希望を示してくれました。わたしたちはいっしょに生きる仲間なんだということを判決で示してもらったと思います」

なにより画期的なのは、ヘイトスピーチ解消法で定義された不当な差別的言動であれば自動的に人格権侵害となり、違法だという考え方を示したことだった。禁止・罰則規定がないという実効性の弱さを埋め、実質的に禁止法として機能させる判断だった。川崎市差別のない人権尊重のまちづくり条例が刑事罰を設けて法を凌駕したのに続き、現行の不備を乗り越えてみせたのだ。

「2016年に解消法ができた喜びをまた思いました。桜本がヘイトデモに襲われ、ハルモニたちや子どもたち、わたしたちのまちが受けた被害が立法事実になって法律ができた。課題はありますが、ある被害に対して法律ができることが、こうして被害を止めるために機能するんだということ。あの法律の希望が川崎の地で輝きが増したと受け止めています」

崔さんはこうも言い添えた。

「法案を審議した参院法務委員会で、発議者の西田昌司議員が『この法律で司法判断が積み重なり、差別のない社会が実現されていく』と話していたことも思い出されました」

自民党の西田氏の名前を口にする姿に、右も左もなくただ差別をなくす仲間を増やそうと心を砕いてきた崔さんらしいていねいな生きざまがのぞいていた。

5　日本社会のわたしたちの責任

希望を目にして

忘れられない光景がある。

2019年12月12日、ヘイトスピーチに刑事罰を科す全国初の川崎市差別のない人権尊重のまちづくり条例は全会一致の賛成で可決、成立した。ヘイトスピーチ解消法が届かなかった罰則を設け、抑止を図る。ヘイトデモに襲われた桜本の被害にようやく策が追いついたのである。

市議会の傍聴席には桜本のハルモニたちも駆けつけ、崔江以子さんは最前列で成立の瞬間を見届けた。帰りのエレベーターホールで自民党市議の松原成文氏とばったり顔を合わせた。条例制定を求めて崔さんたちが声を届けつづけた前議長だ。崔さんが弾む声で感謝を伝えると、松原氏はその手を握りしめ、「遅くなってごめんね」と謝ったのだった。桜本を襲ったデモから4年の月日をわびたのである。

松原氏は日本会議地方議員連盟の有力メンバーで、議場に日の丸を掲揚させることに尽力した「保守のなかの保守」として知られていた。それでもいとわず続けた要請活動によって、条例制定をもっとも強く説くひとりになっていた。

「崔さんやおばあさんたちは、思っていた人たちとはまったく違っていました」

松原氏はわたしの取材にそうなずいた。議長室で条例をつくってほしいと訪問を受けるうち、通っていた幼稚園に在日コリアンの友だちがいたことを思い出したという。そんなことも忘れるほど、差別や偏見は目を曇らせる。

本物の出会いが人を変える。真剣で本気の言葉が行政、政治を動かし、社会を変える。そんな希望を目の当たりにしてきた。

レイシストを返り討ちに

それに引き換え、レイシストたちはどこまでも「ニセモノ」なのだった。

あぶりだしたのは法だ。ヘイトスピーチ解消法の施行直後、「日本浄化デモ」を阻止されたあとも、レイシストたちは「活動」を続けた。「『表現の自由』が侵害された」と言い立てた。だが横浜地裁川崎支部の仮処分決定が示したとおり、それは憲法が保障する枠外であり、レイシストたちは被害者を装って「差別する自由」を求めているにすぎなかった。

翌年の7月16日、「リベンジ」と称して津崎尚道たちがヘイトデモをおこなったが、やはり

500人もの市民による抗議追走を受け、300メートル先に止めたバスに逃げるように乗って走り去るという代物だった。以後、排斥を掲げたデモはおこなわれていない。

その津崎をたきつけたのが、ネオナチと知られる古参レイシストの瀬戸弘幸だった。政治団体「日本第一党」の最高顧問を名乗っているが、第一党は最悪のレイシスト、桜井誠が党首を務める。もとより桜井が率い、その名にヘイトデマを冠した「在日特権を許さない市民の会（在特会）」の看板を付け替えただけのヘイト団体である。生き残りを図った偽装こそは、ヘイトスピーチ解消法成立後の変化を物語っていた。

桜本でデモはできなくなった。集会を開けば川崎市からヘイトスピーチをしないようにと「警告」が付された。街宣でもいちいち「われわれはヘイトスピーチはしません」と釈明しなければならなくなった。そうして最後の居場所を求めたのが法廷だった。差別反対の先頭に立つ人たちを狙い、萎縮させようというスラップ訴訟を仕掛けていった。

まずは神原元弁護士だった。日本浄化デモの現場で見守りをしていただけなのに、抗議に集まった市民と共謀して表現の自由を侵害したと言いがかりをつけた。判決は、近くで様子を見たり、話をしていたりしたにすぎないと一蹴。逆に神原弁護士が提出した証拠から「ゴキブリ朝鮮人は出て行け」「超汚染塵」「基地外朝鮮人」といったヘイトスピーチがおこなわれていたと認定され、やぶ蛇に終わった。

市民ネットワークの三浦知人さんも狙われた。2018年6月、瀬戸が計画したヘイト集会はやはり市民が会場の市教育会館を取り囲み、中止に追い込まれた。抗議を呼びかけた三浦さんのアナウンスによって講師の徳永信一弁護士が入館できなかったと言い募ったが、判決は因果関係を認めなかった。

そしてわたしである。原告は川崎市議に立候補して落選した佐久間吾一。瀬戸と立ち上げたヘイト団体で講演会を開き、そこでの発言を「悪意と敵意に満ちたデマによる誹謗中傷」と記事で批判した。桜本の隣町、在日コリアンが集住する池上町を「コリア系が不法に占領している」「革命の橋頭堡が築かれている」などとおとしめるヘイトスピーチだった。それを名誉毀損だと訴えた。一審こそ、記事の正当性は認めながら、わたしが佐久間の演説を「でたらめ」と批判したことを違法認定とするという「どっちもどっち」の判決となったが、高裁ではわたしの敗訴部分も覆り、完全勝訴に終わった。

いずれも「差別と闘う弁護団」が返り討ちにしたのだが、控訴理由書を期日当日の朝になって出す、上告理由書を「書く能力がなかった」といって出さないといったレイシストの体たらくを見るにつけ、スラップ訴訟であろうとその行方を案じざるをえないマイノリティ市民との落差を思い、怒りがこみ上げる。

桜本のある川崎区に民家を借り、レイシストが出入りするアジトを構えた瀬戸だったが、あえなく福島へ戻り、引きこもる。元第一党党員、渡辺賢一が立ち上げたヘイト団体「日の丸街宣倶楽部」のヘイト街宣がわずかに残るが、条例の旗のもと、3年半、400回を超えて監視と抗議にとりくむ「川崎駅前読書会」のねばり強さを前に、回数も参加者も先細りになる一方だ。

休日の駅前では折にふれ、あいさつに訪れる崔さんやおにぎりを差し入れするハルモニたちに会うことができる。

わたしたちの責任

残るはヘイトスピーチ対策である。

『帰れ』は慰謝料100万円」という尊い判決を得たあとも崔さんへの攻撃は止まっていない。市条例にもとづく削除要請は「お帰りになったらいかがか」「帰らないのはどうしてだろう」といった削除逃れの「提案型」「疑問型」のヘイトスピーチについても削除要請するなど「進化」を遂げたが、抑止にはいたっていない。

川崎臨港警察署に刑事告訴した「死ね死ね死ね……殺ろ」の脅迫郵便物の事件も今年3月、公訴時効を迎えた。「犯人が特定されなかったことで、また攻撃されるのではないかという恐怖があります」と会見で崔さんが語るのを聞き、時効とは事件の終わりではなく、新たな始まりですらあるのだと不明を知る。電子掲示板にヘイトスピーチを書き連ねた人物を刑事告発したことも明かされ、またしても闘いの場に立たせてしまったと至らなさを思う。

そこには〈川崎の崔江以子！　お前、何様のつもりだ！　日本から出ていけ〉のタイトルがつけられ〈崔江以子に贈る言葉〉として〈死ね・くたばれ・消えろ・失せろ……下等種族・劣等民族……社会の敵・犯罪者・反乱者〉と206もの差別語・侮辱語で攻撃していた。

「またか」というのが正直な受け止めだったという崔さんはやはり「規制されていないから仕

方がないと諦めるわけにはいかない」と語った。

崔さんは講演会に招かれると「あなたが差別をしないだけでは、いまある差別はなくならない。いまある差別をなくすためにできることを考えてほしいです」と呼びかける。

「祖国に帰れは差別」裁判でも本人尋問で裁判官に語りかける姿が印象深かった。

「公共交通機関の人種分離に反対してバスに座りつづけたローザ・パークスさんはその後、人種分離の条例が違憲であるとの判決を勝ち取り、公平な社会をつくりました。『わたしには夢がある』と語ったキング牧師のスピーチはみんなの心に響き公民権法の制定につながりました。わたしにはそうした歴史に残る、社会を変える力はありません。今この裁判所で自分の被害を語るのにも震えています。わたしにはできません。でも裁判所にはできます。裁判所だからできます」

取材を通して「あるを尽くす」姿にふれてきたわたしには、崔さんこそは現代のローザ・パークスに思えている。

本書を手に読者のみなさんもその言葉に出合った。次はあなたが変革者になる番である。公正な社会をつくる責任はマジョリティにこそある。

第2章

日本におけるヘイトスピーチ対策の現状と問題点

寒空の下、桜本襲撃デモの抗議で最前線に立つハルモニたち（写真提供：矢部真太）

師岡康子

はじめに

本章ではまず、ヘイトスピーチがマイノリティと民主主義社会になにをもたらすのか、本来、国際人権法上の義務として日本はヘイトスピーチをなくすためにどのような法制度が求められているか述べる。

しかし、実際には日本には、求められている人種差別撤廃政策も、最低限必要な差別禁止法も、政府から独立した人権機関も個人通報制度もない。差別の被害者は構造的な差別のもと、圧倒的に不利な条件で多くの犠牲を払って民事裁判に挑まざるをえない現状を知ってほしい。

1 ヘイトスピーチとはなにか

ヘイトスピーチとは、広義では差別的言動、言動による差別である。人を国籍、民族などの属性でひとくくりにし、その属性を有する人々を社会の一員として認めず、もしくは二級市民と位置づけ、劣った、もしくは悪質、異質な人々として人間の尊厳を攻撃する言動である。[*1]

日本で広く「ヘイトスピーチ」との用語が使われるようになったのは2013年ごろからである。毎週末のように差別主義団体等により在日外国人を主要なターゲットとするヘイトスピーチをともなうデモ・街宣（ヘイトデモ・街宣）が新宿などの都市でおこなわれるようになり、かつ、それに対し抗議する市民によるカウンターがおこなわれるようになって、社会問題化した。

なお、ヘイトスピーチは、現在でもまだ誤解も多いが[*2]、デモ・街宣に限定されない。公的機関・公人によるコメント、報道、出版、映像、ポスターなどのあらゆる表現物、手紙などの文書、肉声での発言のほか、インターネット上の表現もふくむ。

本書の崔江《チェカン》以子《イヂャ》さんの裁判もインターネット上の匿名者によるヘイトスピーチに対するものである。日本社会において現在、人々をもっとも日々苦しめつづけ、かつ社会に悪影響をおよぼしているのはネットのヘイトとも言える。

なお、当初、「ヘイトスピーチ」は報道において「憎悪発言」などと直訳され、なにが「ヘイトスピーチ」かわからないとの議論もあったが、「憎悪」との訳は誤解を呼ぶとの指摘を受け、次第に「差別煽動」などとの訳に変わってきた。2016年に制定された「本邦外出身者に対する不当な差別的言動の解消に向けた取組の推進に関する法律（ヘイトスピーチ解消法）」において「差別的言動」との用語が使われ、その本質が「差別」であることは法的、社会的に確定した。この点はヘイトスピーチ解消法の意義のひとつと言える。

ヘイトスピーチは差別構造の一角

もうひとつ、ヘイトスピーチについて注意すべきことは、言動の問題だけを切り離すことはできないということである。ヘイトスピーチは、歴史的に形成された社会の構造的差別の一角である（旧植民地出身者に対する差別が現在に引きつづく日本社会の構造としていかに歴史的に形成されてきたかついては本書の第4章を読んでほしい）。

日本では在日外国人などマイノリティが、構造的に二級市民、もしくは社会の外に置かれている現実がある。それゆえ、差別は日々、そして一生涯マイノリティの人々を覆い、ヘイトスピーチは、制度的差別、差別的取扱いとあいまってターゲットとされた人々を苦しめつづけている。

このことは、2016年のヘイトスピーチ解消法制定ののち、同年秋に法務省が国として初めておこなった外国籍住民に対する差別に関するアンケート調査の結果[*3]にも現れている。

外国人であることを理由にして、「就職を断られた経験がある人が4分の1」、「入居差別を経験したことがある人が4割」、そして「外国人であることを理由に侮辱されるなど差別的なことを言われた経験がある人が3割」もいる。

さらに、この法務省の調査結果によると、差別的なことを「誰に言われましたか」との問いがあり、一番多いのは「見知らぬ人から」が5割である。これは、見かけで外国ルーツに見える人に対し、その外見を理由として言われたことということだろう。たとえば、2002年9月の日朝首脳会談以降官民一体となった朝鮮バッシングが悪化し、朝鮮学校に通う子どもたちが事実上学外で民族衣装の制服が着られなくなって久しい。

その他、職場の同僚から言われた人が4割、また、学校で、親戚からも、公務員から、店でも言われている。これらは、職場や学校での差別、入居差別、入店差別などの差別的取扱いとセットでおこなわれることも多い。

すなわち、日本では、外国にルーツをもつ人は、見知らぬ人から、職場で、学校で、店で、親戚から、いついかなる差別を受けるかわからないという不安と恐怖のもとで、常に身構えて、差別を意識して生活することを強いられているのである。「ヘイト・スピーチは人間の尊厳を攻撃することで、社会の基盤にある『安心』という公共財を掘り崩す」(ウォルドロン)[*4]。

ヘイトスピーチの第一の害悪

このように、外国にルーツをもつ人々にとって、自分の属性を明らかにすることはこの社会において差別を受けることと直結するため、多くの人々が名前や文化を隠すことを余儀なくされる。のみならず、ヘイトスピーチは、同じ人間ではない、この社会の一員ではない、生きる価値のないものとして、その属性のみにより、平等な人間としての尊厳事態を傷つける言葉のナイフである。自らの努力により変えることの困難な属性により、貶められ、排除される苦痛、怒り、屈辱、絶望。それはまさに「魂の殺人」である。「差別は人を殺す」のは現実であり、ヘイトスピーチの一言一句が被害者を苦しめ、心身の健康を破壊し、ときに自死にまで追いつめてきた。

他方、差別を受けないマジョリティは直接経験しないがために、また、教育で学ぶ機会が保障されていないため、マイノリティが自分たちとまったく違う生活を強いられていることに気がつかない。わたし自身、たとえば、2013年に、ある集会で、子どもをもつ在日コリアンから、自分は子どもと出かけるときにはかならずネット上でヘイトデモ・街宣の予定を調べて、そこに出くわさないようにすると言われるまで、ヘイトデモ・街宣が、おこなわれるそのときだけでなく、日常生活にそのような被害をもたらしていることに気がつかなかった。

ヘイトスピーチのもたらす苦しみについて、本書の第4章および第6章における崔さん、そしてアンケートに協力してくださった多くの在日コリアンのみなさんの生の声から知ってほしい。

ヘイトスピーチの第二の害悪

ヘイトスピーチの核心部分は、その言葉の形成過程[*5]からも、国際人権法上の扱いからも、特定の属性をもつ人々への差別の煽動である。特定の属性を有する人々に対する差別意識、敵意を社会に拡散、浸透させ、差別構造を強化するとともに、その人々に対する直接的攻撃への下地をつくり、物理的暴力へと転化させ、ジェノサイド（特定の属性を有する集団の殺害）[*6]、戦争へもつながるものである。次ページの図のように、①偏見、②偏見による行為、③差別、④暴力行為、⑤ジェノサイドの5段階の「憎悪のピラミッド」の一部として説明されている。[*7]この点が差別のなかでも特にヘイトスピーチの特徴であり、マジョリティをマイノリティに対する差別者、抑圧者に

図　憎悪のピラミッド

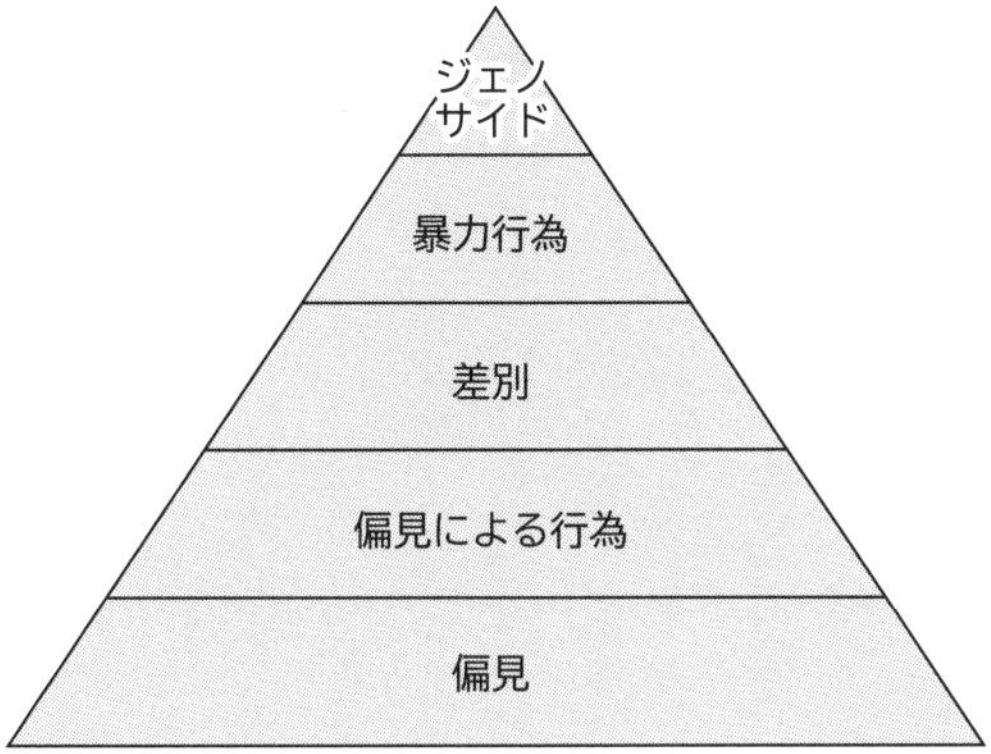

（出所）Brian Levin (ed), *Hate Crimes, Vol.1*, Praeger, 2009, p.5.

仕立てあげ、社会を分断し、差別と暴力で破壊する。

ヘイトスピーチとヘイトクライムとの連鎖

ヘイトクライムは、特定の属性を有する人々に対する偏見、差別意識にもとづく犯罪、差別犯罪を指す。物理的暴力をともなう犯罪が多いが、脅迫罪などの物理的暴力をともなわない犯罪もふくむ。ヘイトスピーチもヘイトクライムも、特定の属性を有する人々に対する差別であり、攻撃である点で共通する。

ヘイトスピーチのうち重大なものは人種差別撤廃条約（後述）第4条で刑事規制の対象とすべきとされており、実際に多くの国で刑事規制の対象となっている。よって重大なヘイトスピーチは、ヘイトクライムでもあり、両者は重なっている。

すでに日本でヘイトスピーチを原因として、多くのヘイトクライムが起きている。

たとえば、２０２１年７月から８月にかけて在日コリアン関連施設、住居をターゲットとする連続放火事件が起きた。加害者は、まず民族団体の韓国民団愛知の建物と名古屋韓国学校の校舎に火をつけた。その後京都府宇治市の在日コリアン集住地区であるウトロにある民家に火をつけて7軒を焼失させた。民家には小学生2人も住んでいたが、たまたま外出しており、死者は出なかったが、2人が飼っていた犬は煙にまかれ死亡した。

加害者は22歳の日本人の男性で、取材に対し、動機として、ヤフーニュースのコメントを見て、在日コリアンは特権をもっていると思ったと答えている。

さらに、自分が事件を起こすことによって、ヤフーコメントが炎上することを狙ったとも述べた。[*8] ヘイトクライムによりヘイトスピーチを煽ろうとしたのであり、実際、彼の期待どおり、コメント欄には「全部燃やせば良かった」とか、「不法占拠している方が悪い」などとの大量の差別書き込みがあった。この事件が差別的動機によることが報道された直後に韓国民団の東大阪支部に、ハンマーが投げ入れられる事件も起きた。[*9]

また、2022年4月には、コリア国際学園という大阪の民族系のインターナショナルスクールに侵入して、敷地内の段ボールに火をつけて床を燃やした事件があった。加害者は、同年3月には辻元清美前衆議院議員（現在、参議院議員）の大阪事務所、5月には大阪市の創価学会施設に侵入している。加害者は動機として「在日韓国・朝鮮人を野放しにすると日本が危機に晒される」とし、同校保護者の名簿を盗み、ひとりひとりを襲おうと思ったとも供述している。彼も29歳の日本人青年であり、2年前にはじめたSNSのツイッター（現在のX）からそのような危機感をもつようになったと述べている。[*10]

両名とも在日コリアンの知り合いはおらず、差別主義団体に所属したことも、ヘイトデモ・街宣にも出たこともなく、ネット上に蔓延する差別デマを信じて、人の死に直結するヘイトクライムにまで踏みきったのである。

ジェノサイドへ向かう道

ヘイトスピーチがジェノサイドの引き金となったことが世界史上もっとも有名なのはドイツのナチスによるユダヤ人、ロマ民族、障害者の集団殺害である。

他方、日本でも101年前の1923年の関東大震災のときに、朝鮮人、中国人に対して「井戸に毒を投げた」「集団で襲ってきた」などの偏見にもとづく差別デマがあり、信じた人々が何千人もの朝鮮人、何百人もの中国人を虐殺した。それも軍隊、警察だけではなく、自警団という名の一般の民間人がナタや竹やり、刀などで集団リンチ殺人をおこなったのである。[*11]

いまはそんなことは起こりえないという人もいる。しかし、この集団虐殺については当時の裁判記録や公文書など多数の証拠が残っているにもかかわらず、政府は現在まで公式に認定しておらず、調査も謝罪もしていない。二度と起こさない保障はまったくない。

実際に2011年の東日本大震災のとき、「中国人窃盗団が石巻市を横行し、略奪が起き、女性は乱暴され、警察は来ない無法状態」という差別的内容で、かつ、この話をネット上で拡散するよう呼びかける差別煽動デマが出回った。[*12] 震災後の東北学院大学の研究者による調査では、被災者の約5割の人がそのような噂を聞き、そのうち9割弱が信じたという。[13]
実際に中国人窃盗団をやっつけようと自警団がつくられ、鉄の棒などをもって被災地を見回り、それらしき人がいたら殺してしまおうと言っている人の動画がいまでもネット上に残っている。[14]
また当時、被災地に取材に入ったジャーナリストが、モリやバットをもった数人の地元民に囲まれて、地面に押しつけられるように座らされ「おまえは中国人だろう」と詰問され危なかった経験も報道されている。[15]

2 ヘイトスピーチに関する国際人権基準

国際社会においては、このようなヘイトスピーチの害悪への共通認識と、1949年から1950年にかけて欧米各国でふたたびユダヤ人へのヘイトスピーチ、ヘイトクライムが頻発したことへの危機感から、1965年、ヘイトスピーチの刑事規制を要とする人種差別撤廃条約が成立した。

同条約は、9つの主要な国際人権条約[16]のうち、その緊急性から最初に制定されたものである。

2024年1月末現在、国連加盟国193か国のうち182か国、9割以上の国が加盟しており、国際人権基準として確立している。日本は成立後30年も経ってからではあるが、1995年、自民党・社会党・新党さきがけ連立の村山富市内閣のときにやっと加入した。

ヘイトスピーチの刑事規制を定めているのは第4条である。ヘイトスピーチがマイノリティの人間の尊厳を破壊すること、また、ヘイトスピーチにより社会に差別意識が蔓延する前に止めないと、ヘイトクライム、ジェノサイドにつながるとの共通認識から、緊急に強制的に止める手立てとして、単なる法規制一般ではなく、刑事規制を求めたのである。

なお、ヘイトスピーチという用語は、条約制定後に出てきたものであるから、条文上使われていない。同条約第8条により条約実施監視機関として人種差別撤廃委員会が設置されている。同委員会は条約の解釈基準である一般的勧告を出しており、その第35の「人種主義的ヘイトスピーチと闘う」[*17]では、人種主義的ヘイトスピーチとして「まず挙げられるのは第4条が規定するすべての表現形式」としている。

第4条は柱書で「人種的優越や、皮膚の色や民族的出身を同じくする人々の集団の優越を説く思想・理論に基づいていたり、いかなる形態であれ、人種的憎悪・差別を正当化したり助長しようとする、あらゆる宣伝や団体を非難し、また、このような差別のあらゆる煽動・行為の根絶を目的とする迅速で積極的な措置をとることを約束する」と定めている。

そのために具体的には、(a)人種的優越または憎悪にもとづく思想の流布、人種差別の煽動、人種や皮膚の色、民族的出身の異なる人々に対する暴力行為や暴力行為の煽動など、(b)人種差別煽動団体や宣伝活動、そのような団体や活動への参加を、犯罪として処罰することを求める。(c)では「国や地方の公の当局・機関が人種差別を助長しまたは煽動することを許さない」とする。

なお、日本は批准の際に次の留保をつけた。「日本国は、あらゆる形態の人種差別の撤廃に関する国際条約第4条の（a）及び（b）の規定の適用に当たり、同条に『世界人権宣言に具現された原則及び次条に明示的に定める権利に十分な考慮を払って』と規定してあることに留意し、日本国憲法の下における集会、結社及び表現の自由その他の権利の保障と抵触しない限度において、これらの規定に基づく義務を履行する」（1998年政府報告書）。同委員会からは同条約の要である第4条への留保ゆえ、何度も撤回を求められている。

ただし、この留保は（a）（b）の規定を守らないという宣言ではなく、憲法と抵触しない限度で義務を履行するという内容であることに注意が必要である。人種差別撤廃委員会からも、日本政府報告書の審査の会議の場で、特定の属性を有する集団に対する暴力行為の煽動は憲法に違反するのかなどと質問され、返答に窮している。*18 留保をつけたままでも一部の刑事規制は可能なはずである。

差別禁止法制定が最低限の義務

「一般的勧告35」では、ヘイトスピーチは差別構造の一部であることから、第4条だけでなく、条約のあらゆる規範と手続きを動員し、包括的な差別を根絶する取組をしないことには人種主義的ヘイトスピーチとの効果的な闘いができないと述べられている（第3パラグラフ）。

同条約における基本的な義務は第2条1項に定められている。その本文で、締約国は、人種差別を批判し、あらゆる形態の人種差別を撤廃し、あらゆる人種間の理解を促進する政策を遂行する義務を負っている。

その具体策として、5項目が置かれているが、もっとも広範かつ中心的な義務は「すべての適当な方法により、いかなる個人、集団又は団体による人種差別も禁止し、終了させる」ことである（d）。「一般的勧告35」でも、「最低限やらなければならないのは、人種差別を禁止する、民法、行政法、刑法にまたがる包括立法の制定」とされている（第9パラグラフ）。

この条項を根拠とし、人種差別撤廃委員会は、人種差別撤廃政策の主柱として、各国に人種差別禁止法制定を求めている。

のみならず、同条約は、公的機関自らが差別をおこなわないこと（第2条1項a）はもちろん、差別をもたらす効果を有する政策を再検討すること（第2条1項c）、さまざまな人権について人種などによる差別なしに保障すること（第5条）、裁判所および他の国家機関を通じて差別からの保護と救済を図ること（第6条）、偏見と闘い、多様な集団間の友好を促進し、教育、文化、情報の分野での効果的措置をとること（第7条）などの包括的な政策を求めている。

さらに、国連の「市民的及び政治的権利に関する国際規約」（自由権規約、1966年成立、日本は1979年加盟）の第20条2項でも、締約国は「差別、敵意又は暴力の扇動となる国民的、人種的又は宗教的憎悪の唱道は、法律で禁止する」と定められている。日本は同条約には留保をつけておらず、人種主義的ヘイトスピーチを禁止する義務を負っていることは明らかである。

なお、自由権規約第26条をふくむ、社会権規約、女性差別撤廃条約、子どもの権利条約、障害者権利条約など日本が加盟する差別に関する国際人権諸条約は、いずれも差別禁止法制定を求めている。

以上のように、人種差別撤廃条約は包括的な人種差別撤廃政策をとり、その柱として差別禁止法を設ける義務を定めている。そこで、加盟国の多くが差別禁止法を制定済みである。

被害者救済のための政府から独立した人権機関

また、人種差別撤廃条約第6条では締約国に「(裁判所および他の)国家機関を通じて」の「効果的な保護及び救済措置」の確保を求めている。

1993年に国連総会で全会一致で採択された「国内人権機関の地位に関する原則」(パリ原則)では、裁判所ではなく、かつ、政府から独立した国内人権機関(「国家人権機関」とも言う)を設置することが求められた。国家が差別をふくむ人権侵害の主体となってきた歴史への反省から、人権の専門機関として、国際人権の観点から、政府をふくむ他の公的機関による人権侵害もチェックできる機関が必要と考えられたのである。

人権機関は、人権についての広報・啓発、人権教育、人権侵害申立ての受理・調査・救済、国家機関への提言・勧告など幅広い範囲での活動が求められている。また、人権機関の構成員は、「人権の促進及び擁護にかかわる(市民社会の)社会的諸勢力からの多元的な代表を確保」すべきとされている。

すでに120か国を超える国で設置済みであり、多くの国では差別禁止法とセットで、裁判所とは別に、差別の被害者を、非公開、無料で迅速に救済する手続きとして政府から独立した人権機関を設置している。たとえば韓国では2001年に韓国国家人権委員会を設置し、外国人の人権保障の促進に寄与している。

個人通報制度

人種差別撤廃条約第14条は、個人通報制度について定めている。

個人通報制度は、国籍を問わず、締約国に居住する人が、締約国内で裁判などの差別の被害救済の手続きを尽くしても救済を得られなかった場合、人種差別撤廃委員会に対してその旨を通報し、同条約違反があるかどうかの認定と是正勧告を求めることができるというものである。2024年1月21日時点で59か国が同制度を受諾している。

前述の9つの主要な国連の人権諸条約は、すべて個人通報制度を有している。通報を受けた各条約履行監視委員会から各国への勧告には強制力はない。しかし、各国の裁判所は、自らの判決が、国連の人権機関から条約違反と判断され是正勧告がなされる危険性を避けるため、判決にあたって国際人権条約違反とならないか検討するようになっている。国際人権諸条約を各国が実施することを促す実効性ある仕組みと言える。*19

3 日本における反人種差別法制度の現状

しかし、日本には、最低限の義務である差別禁止法制定どころか、そもそもその前提となる、人種差別撤廃政策自体がない。また、救済手続きとしての政府から独立した人権機関も設置せず、個人通報制度もひとつも受諾していない。

日本政府が人種差別撤廃条約の履行に関し留保をつけているのは第4条の（a）（b）のみであり、差別撤廃政策策定をはじめとするその他の条約上の義務については明らかに違反している。

日本の法制度の特徴として、重要な政策については、基本方針、基本計画、調査、財政、政策検討・促進のための専門的な機関の設置などを内容とする「基本法」が制定される。しかし、人種差別についてはこの基本法すらない。

なお、日本の人権施策は、たとえばジェンダー・ギャップ指数2024において156か国中118位の低位であるなど、全般的に国際的に大変遅れている。それでも性差別については「男女共同参画社会基本法」（1989年）、障害者差別については「障害者基本法」（2013年）、アイヌ民族差別については「アイヌの人々の誇りが尊重される社会を実現するための施策の推進に関する法律」（2019年）などの基本法が一応制定されている。

これらと比較しても、外国ルーツの人々については人権を保障して差別を禁止し共生社会をめざす基本法[20]すらなく、国がとりわけ人種差別撤廃政策を避けている姿勢が顕著であることがわかる。日本政府が旧植民地出身者をはじめとする外国籍者を管理の対象として差別してきた政策を改めていないことが原因と言わざるをえない。

人種差別撤廃条約の軽視

憲法第98条2項「日本国が締結した条約及び確立された国際法規は、これを誠実に遵守することを必要とする。」との規定により、締約した条約はそのまま日本の国内法となり、また、条約に反する法律、条例は無効となると解釈されている。

よって、通常、条約に加盟する場合には、加盟の前に、条約内容との矛盾がないよう、国内法の整備をおこなう。[21]しかし、政府が人種差別撤廃条約加盟を機におこなったのは、先住民族であるアイヌ民族を差別していた「北海道旧土人保護法」を1997年に「アイヌ文化の振興並びにアイヌの伝統等に関する知識の普及及び啓発に関する法律」の施行にともない、廃止したのみであった。

その結果、条約違反の状態が継続し、人種差別撤廃委員会から、条約にもとづいて日本政府が履行状況の報告書の審査を受けるたびに、差別禁止法をはじめとする義務を履行するよう総括所見において求められてきたのである（2001年、2010年、2014年、2018年[22]）。

それに対し、政府は、①日本には差別禁止の新法をつくる必要があるほどの差別がない、②差別は現行法で対処できている、③差別は啓発でなくしていくのがよい、と言い訳をしつづけ、差別禁止法制定の必要性を否定し、その義務を怠ってきた。

ヘイトスピーチ解消法の意義

このような条約違反の状況をふまえ、ヘイトスピーチ対策として、NGO「外国人人権法連絡会」[*23]が2014年に作成した「人種差別撤廃基本法案」をベースとし、2015年5月に「人種差別撤廃基本法を求める議員連盟」[*24]に所属する野党議員7名が参議院に提出したのが、「人種等を理由とする差別の撤廃のための施策の推進に関する法律案」[*25]（野党法案）であった。

崔江以子さんが同法案についての参議院法務委員会の審議において、2016年3月22日、参考人として招致され、地域の在日一世から子どもたちまでふくめたヘイトスピーチの深刻な被害を述べた。その悲痛な訴えは、与党議員もふくめて心を動かし、同年4月、与党両党から対案として出されたのがヘイトスピーチ解消法案である。[*26]

2016年5月に制定された同法は、外国ルーツの人々に対する差別の解消にむけた、日本ではじめての反人種差別法であり、前述の政府の差別禁止法を不要とする姿勢から一歩踏み出したものとは言える。

前文で「近年、本邦の域外にある国又は地域の出身であることを理由として、適法に居住するその出身者又はその子孫を、我が国の地域社会から排除することを煽動する不当な差別的言動が行われ、その出身者又はその子孫が多大な苦痛を強いられるとともに、当該地域社会に深刻な亀裂を生じさせている」との深刻な立法事実を明記し、「もとより、このような不当な差別的言動はあってはならず、こうした事態をこのまま看過することは、国際社会において我が国の占める地位に照らしても、ふさわしいものではない」「このような不当な差別的言動は許されない」とした。

第1条で「本邦外出身者に対する不当な差別的言動の解消が喫緊の課題」と明記し、第4条で、国および地方公共団体に不当な差別的言動の解消に向けたとりくみに関する施策を推進する責務を負わせたことは、公が反差別の立場に立った出発点として意義がある。*27

これまではヘイトスピーチに攻撃された在日コリアンが行政に対し、あのヘイトデモをなんとかしてほしいと行政に要請しても、法的根拠がないからなにもできないと言われてきた。さらに、ヘイトデモの現場で、抗議する側が、しばしば警察からヘイトデモも表現の自由だ、妨害するなと言われ敵視されてきたが、そのような態度は許されなくなったのである。

具体的には、ヘイトデモをくり返してきた団体がデモを申請した場合、解消法施行後は、警察が事前に主催者に対し、ヘイトスピーチはしないように注意を促し、ヘイトデモの現場でも「ヘイトスピーチは許されない」とのアナウンスをおこなうこともあり、カウンター活動への敵視も川崎などいくつかの地域で是正された。カウンター活動の継続ともあいまって、ヘイトデモの回数、参加者数は最盛期の数分の1以下となっている。

また、「本邦外出身者に対する不当な差別的言動」の定義が、「本邦の域外にある国又は地域の出身であることを理由として、本邦外出身者を地域社会から排除することを煽動する不当な差別的言動」と定められたことも画期的である。同法ができる前は、「ヘイトスピーチ」とはなにかわからないから法規制できないとの意見もあったが、その議論は終結し、かつ、ヘイトスピーチは差別だという共通の議論の土台ができたのである。

この定義規定と「許さない」との前文により、いくつもの差別的言動に関する裁判で、同法が活用され、本書の崔さんの判決もふくめ、差別と認定される成果もあった。

さらに、同法第4条2項と衆参両院の附帯決議とが、地方公共団体に対し不当な差別的言動の解消にとりくむことを求めていることが法的根拠となり、川崎市、東京都国立市、東京都、愛知県、沖縄県、三重県など、各地での反差別条例制定や、京都府などの公共施設の利用制限などの反差別施策の実施を促している。

とりわけ2019年12月に川崎市が制定した「川崎市差別のない人権尊重のまちづくり条例」は、日本ではじめて、差別を刑事規制する画期的な条例である（経緯は第1章参照）。ヘイトスピーチが公共の場所でなされた場合、集団でおこなう、拡声器を使うなど方法を特定し、表現内容もヘイトスピーチ解消法第2条の定義からより明確化し、絞りをかけた3類型に限定し、禁止した。市長は、この禁止規定に違反する差別的言動をおこなった者が、ふたたびおこなうおそれがある場合、専門的な第三者機関である「差別防止対策等審査会」に意見を聴いたうえで、今後おこなわないよう勧告し、勧告してもくり返した場合、命令を出し、この命令にも違反した者に対し、氏名などを公表するほか、50万円以下の罰金に処するとの規定を置いた。

解消法を超える上乗せ条例を制定したのは、市民からの切実な声を受け止めた川崎市の英断であるが、法的根拠である解消法成立がなければ同条例は実現しなかったと言える。

ヘイトスピーチ解消法の限界

しかし、野党法案と異なり、解消法には、基本方針、基本計画、財政、専門家による審査機関の設置など、基本法が備えるべき条文はなく、基本法レベルにも達していない。

もとより、対象となっている差別は差別的言動だけで、公的・制度的差別、差別的取扱いは対象外であり、かつ、外国ルーツの人たちに対する差別的言動だけに限定されており、本来人種差別撤廃条約上の対象となっている先住民族や被差別部落出身者を除外している。しかも、「適法に居住するもの」に限定している点は、人種差別撤廃条約にも反すると、人種差別撤廃委員会からも批判された。[*28]

この点は衆参両院の附帯決議第1項では、解消本法の趣旨、日本国憲法および人種差別撤廃条約の精神に照らし、「第二条が規定する『本邦外出身者に対する不当な差別的言動』以外のものであれば、いかなる差別的言動であっても許されるとの理解は誤り」とされているものの、条文上の定義から削除すべきである。

解消法の一番の欠陥は、ヘイトスピーチの定義があり、深刻な被害が生じている喫緊の課題とし、「許されない」(前文)とまでしながら、明確な禁止規定がないという点である。禁止条項も制裁条項もなく、実効性が非常に弱い。

法務省人権擁護局が、2016年12月に、解消法の「参考情報2」として「ヘイトスピーチ解消法第2条の解釈について」との文書を作成した。そこで「本法律は、いわゆる理念法であり、本則で名宛人を明らかにした禁止規定を設けるなどしていないため、国及び地方公共団体が、個別具体の言動について、本法律通知に違反するという一般的な意味においての違法性の有無を判断すべき場面は想定し難い。」としている。禁止規定がないことが、国や地方公共団体が、解消法第2条の差別にあたり、違法かどうか判断しなくてよいとの逃げ道となってしまっていることを明示している。*29

解消法の成果とも言える本書の判決もふくめ、ヘイトスピーチをめぐる裁判で同法第2条の定義が差別的言動の基準として活用されてきたのは事実であるが、それは、何人もの差別の被害者たちとその弁護団が、差別禁止法がなく、解消法にも禁止条項がない現状でも、可能なすべての方策を尽くし、道をこじ開け、積み重ねてきた結果である。その成果については第3章を読んでほしい。

法務省の人権侵害被害救済制度

法務省人権擁護局には人権侵害被害救済制度として、被害者が法務局に、人権侵犯被害申告をして、救済を求める制度がある。法務局の担当職員や、人権擁護委員などの担当者が、非公開で当事者双方に別々に話を聞くなど調査をおこない、人権侵犯事実があるかどうか認定する。そのうえで、援助、調整、説示・勧告、要請、通告、告発、啓発という措置をおこなう。

ヘイトスピーチの被害者が加害の事実を申し立て、それが認定されれば、法務局が加害者に対し、説示ないし勧告をおこない、止めるよう求める。ネット上の匿名の書き込みについてはプロバイダに削除要請をおこなっている。

解消法制定を受け、法務省は人権擁護局内に、ヘイトスピーチによる被害に関する相談に対処するための「ヘイトスピーチ被害相談対応チーム」を新設し、全国どこの法務局でもヘイトスピーチによる被害の相談があった場合には、同専門チームが対応することにした。[*30] ただし、原則としてヘイトスピーチか否かの判断はせず、人権侵害、すなわち基本的に民法709条違反の有無の判断にとどまる。[*31] また、不特定の集団に対するヘイトスピーチ被害は対象外である。無料であり、非公開の手続きで、おおむね半年程度で結論が出る点は、民事裁判よりすぐれた点である。

ただし、そもそも法務省という政府の一部がおこなう制度であり、独立性がなく、国際人権基準でもとめられている人権機関にはあたらない。担当者である法務省の職員にも、人権擁護委員にも、外国籍者はなることができず、多元性も確保されていない。

また、任意の手続きであり、加害者とされた人が調査に応じる義務もなく、侵害事実が認定され、勧告が出されても、したがう法的義務もない。

4 現行法におけるヘイトスピーチの被害者の救済の実情

このように反差別法がきわめて不十分な現状で、差別の被害者たちは現行法上可能なかぎりの一般の法制度を用いて救済を求めてきた。しかし、日本政府による、差別について現行法で対処できるとの説明は誤りであり、虚偽とすら言える。

そもそも不特定の集団に対する差別的言動については、現行法上明確に違法もしくは犯罪とする法律がなく、警察もふくめて誰も止めることはできず、裁判に訴えることもできない。法的な救済手段がないのである。

なお、唯一、川崎市内の公共の場でなされる場合には、前述の川崎市差別のない人権尊重のまちづくり条例の禁止規定の対象となり、市民が川崎市に情報提供することはできる。

この条例が制定されて以降、規制対象となった露骨で明白なヘイトスピーチは、川崎市内ではおこなわれなくなった。同じ人物が、その後も東京都ではヘイトデモなどをくり返しており、東京都からヘイトスピーチ認定されているが、川崎市内では、本人もまわりのヘイトデモ・街宣参加者も、同条例に該当するヘイトスピーチをしないよう注意している様子がネット上でも発信されており、意図的に差別をくり返す悪質な行為者に対する刑事規制の効果が明らかである。*32

しかし、同条例においてもネット上のヘイトスピーチについては、プロバイダに対する削除要請という拡散防止措置は取られるが、禁止規定、刑罰規制の対象外である。

特定の個人に対する差別的言動についても、差別禁止法も国内人権機関も個人通報制度もない現状は、多くの被害者に泣き寝入りを余儀なくさせ、また、わずかな可能性を求めて現行法による救済を求める被害者に深刻な二次被害をもたらしている。

限定されている刑事手続き

国際人権基準に照らせば、そもそも悪質なヘイトスピーチは刑事規制の対象であり、ヘイトクライムともされている。被害者個人は裁判を起こす負担を背負うことなく、警察、検察が捜査、起訴し、刑事裁判において、加害者が裁かれる。本来、条約上、国に「差別を禁止し、終了させる」義務があることからすれば、悪質なヘイトスピーチについては、国が責任をもって捜査し、処罰する刑事裁判による解決が適切である。

２０１４年の自由権規約委員会の日本審査において、委員のひとりも、ヘイトスピーチを被害者が民事裁判で提訴するのは負担が重すぎるので、本来刑事規制すべきと指摘し、同委員会の総括所見第14パラグラフでヘイトスピーチを処罰するよう勧告している。*33

しかし、ヘイトスピーチ・ヘイトクライムの刑事規制がない日本の現状では、直接、差別犯罪としては告訴できない。そこで、侮辱罪、名誉毀損罪、脅迫罪、威力業務妨害罪、迷惑防止条例違反などの犯罪の条文にあたる場合には、それらを活用して一般の犯罪として被害届を出したり、告訴する方法をとることになる。

政府は国連で「人種差別的な動機を量刑の加重事由とする刑法上の規定はないが、個別の事件の量刑の判断に当たり、動機についても適切に考慮される」[*34]と説明している。

しかし、ヘイトクライム対策が国の方針として策定されておらず、差別的動機を実務上考慮するとするガイドラインなどもない現状で、差別的動機自体が捜査の対象とされ、かつ、検察官や裁判官が起訴や判決において考慮に入れる制度的保障はなく、個々の捜査官、裁判官の判断に委ねられる。よって、ヘイトクライムの被害者が、捜査機関に対し、差別的動機を量刑事情のひとつとして考慮し、処罰するよう、資料提供などをおこなって要請することが実際上不可欠であり、それでも考慮される保障がない。

この間、いくつかのヘイトクライムについて、被害者の在日コリアンとその弁護団が手を尽くし、差別的動機が考慮された判例も出てきているが[*35]、ごく少数であり、また、法規定がなく、司法機関へのヘイトクライムについての研修もないため、今後も考慮される保障はなく、包括的はヘイトクライム対策が必要不可欠である[*36]。

また、刑事裁判の場合、手続きを進行するのは捜査機関と刑事裁判所であり、被害者の負担は少ないという意味では利点ではあるが、被害者が当事者として裁判手続きに関与できる制度は限定されており、裁判に差別の被害当事者の声が届きにくい。被害者が法廷で、証人や被告人に質問したり、意見を述べるなどの犯罪被害者参加制度は殺人、傷害などの犯罪に対象が限定されており、ヘイトスピーチにあたりうる脅迫罪、名誉毀損罪、侮辱罪などは適用外である。

なお、犯罪被害者が誰でも利用できるのは、被害者の心情等の意見陳述制度であり、被害についての気持ちや事件についての意見を法廷で述べることができる。

崔江以子さんも、2022年10月、同年1月に起きた川崎市のふれあい館への在日コリアン虐殺を宣言した内容の葉書などによる威力業務妨害事件の刑事法廷で、館長として意見陳述をおこない、ヘイトクライムであると意見を述べた。審理において、裁判官、検察官、弁護人のいずれも差別的動機について言及し、広くヘイトクライムとして報道されるなど、インパクトはあったが、判決では差別的動機にはふれられなかった（事件の詳細は第1章参照）。

他方、悪質なヘイトスピーチであっても、現行法上の刑事法の条文にあたらない場合には、刑事手続きを使うことはできず、現行の刑事法では限界がある。

また、条文にあたると思われる場合でも、ネット上のヘイトスピーチをはじめとする誹謗中傷には現行刑法では十分対応できない。崔さんが2016年3月に国会で参考人として発言した直後から、ネット上のヘイトスピーチが大量に書き込まれるようになり、ネットリンチ状態となった。そのうちの特に執拗で悪質な投稿を繰り返した者に対し、弁護団は脅迫罪で告訴した。しかし、ツイッター上で、崔さんを指しして「チョーセンはしね」など書き込んだにもかかわらず、崔さんが確実に読むかどうかわからず、脅迫罪における「告知」とまで言えないとの理由で不起訴処分となった。*37 しかし、このような悪質なヘイトクライムを無罪放免として許すことはできず、弁護団は神奈川県迷惑行為防止条例におけるつきまとい行為として告訴しなおし、2019年12月、同条例違反として、略式命令で罰金30万円となった。ヘイトスピーチに対し迷惑行為防止条例違反で刑事罰となった初めての例であり、特定人に対しヘイトスピーチがくり返された場合に同条例違反が救済のひとつの手段となることを示した意味では意義がある。しかし、差別として、ヘイトクライムとして処罰されたわけではなく、差別の被害者の救済として限界がある。経過とその深刻な被害は第1章と第6章を読んでほしい。

人権侵犯被害申告制度と民事裁判

ヘイトスピーチについて、人権侵害として、法務局の人権侵犯被害申告制度を使うことはひとつの方法である。

崔江以子さんたちが2016年3月に桜本地域へのヘイトデモに対し、法務局に対し申立てをおこなった事件では、同年8月、法務局は「不当な差別的言動」と認定し、デモ主催者に対し、反省し、二度とおこなわないよう勧告した。*38 ただし、「勧告」であり、強制力がなく、デモ主催者はその後もヘイトデモ、街宣をくり返したのであり、悪意ある差別主義者に対してはこの制度はほとんど抑止効果がないとも言える。

そこで、差別の被害者が、公的な機関により、差別と認定され、加害者にその責任をとらせ、救済と抑止を求めるには、現行法制度上、自らが民事裁判を提訴するか否かの決断をせまられることになる。

しかし、民事裁判は、被害者が訴訟の提起から、主張、立証まですべて担わなければならず、刑事事件とくらべて負担が格段に大きい。一般的にも民事裁判を起こすことは、金銭的、時間的、精神的に大きな負担がかかる。一審で終わらず、控訴審、最高裁まで進めば、数年間も拘束されるのであり、多くの人は裁判に踏みきることを躊躇する。

さらに、差別の被害者にとって裁判をおこなうことは、おおむね2か月に一度の裁判の期日の前後のみならず、裁判準備もふくめ、数年間にわたり、自らが差別を受けたこと、言い換えれば、同じ人間として扱われない存在であることを常に見つめ、突きつけられる苦痛をともなう。

にもかかわらず、明確に差別を違法とする規定がないため、民法第709条などの一般条項を法的根拠として裁判を提訴せざるをえず、差別と認定し、違法とする判決が出される保障はない。この問題の詳細は第3章で検討される。

差別の被害者にとっては、自らが受けたのは誹謗中傷一般や単なる侮辱ではなく、差別であること、すなわち、属性ゆえに理不尽に同じ人間、社会の一員として認められず、人間としての尊厳を踏みにじられたこと、被害者にはいっさい責任がなく、差別した者が悪いと公的に認定されることが救済の出発点である。それなのに、差別か否かの判断すらされるかどうかわからぬまま、その可能性にかけて差別と常に向き合う苦痛をともなう提訴をするかとの決断をせまられる。

構造的差別と民事裁判

そもそも民事裁判は対等なもの同士が「中立公平」な裁判官の前で双方が闘い、その主張の正しい方が勝つことがモデルとなっている。

しかし、差別の問題は、前提が異なる。その社会において、構造的に、ある属性を有する人たちは二級市民として扱われ、劣っている、信用できない人たちとみる偏見が存在している。差別をした側と差別の被害者は対等ではなく、社会的強者と社会的弱者であって力関係は不均衡である。悪質な差別者の場合、法廷においても被害者を対等な人間として扱わず、差別的な攻撃をしてくる。そこまで至らない場合でも、被告側が裁判で争う場合には、差別であること、その被害があったことを否定もしくは軽く扱ったり、被害者の側になんらかの落ち度があったと反論してくるので、それ自体、差別の被害者を深く傷つける。国際人権上、差別の一形態と認められている「差別事由に基づくハラスメント」、すなわち差別事由に関連した意に反する行為がおこなわれ、それが人の尊厳を侵害し、その人に対し威圧的、敵対的、品位を傷つける、屈辱的、または攻撃的な環境を作り出す目的または効果をもつ場合にもあたりうる。*39

とりわけ原告本人尋問においては、公開の場で、加害者側から被害者本人が差別的、侮蔑的表現で攻撃され、原告本人がそれにその場で答えなければならず、大きな苦痛を強いられる危険性が高い。本件でも、崔さんの本人尋問の際、被告代理人から「被害者ビジネス」、すなわち、崔さんが、お金儲けのために、わざわざ自分への攻撃的な書き込みを日常的にチェックすることをビジネスとしておこなっているのではないか、被害が深刻ではないから、そのようなことが可能なのではないかとの趣旨の質問がおこなわれ、崔さんを深く傷つけた。

また、裁判官も社会の一員であり、偏見から自由でない。そもそも日本では外国籍者は裁判官になれず、また、裁判官の多くはマイノリティではなく、自らが差別を受けた経験もない。裁判官に対する人種差別撤廃教育をおこなうよう、人種差別撤廃委員会からは何度も勧告がなされているが、未だ実現しておらず、裁判官は差別とはなにか、またその被害の実態を知らない。よって、民事裁判において差別の被害者が差別と認定される判決を勝ちとるのは容易ではない。

公開裁判が引き起こすネットリンチ

さらに裁判は公開が原則であり、差別の被害者が裁判を提訴したことが公になりうることから、新たに第三者から差別的な攻撃を受ける危険性が高い。特にネット上で報道された場合、匿名での大量の差別書き込みがなされ、ほぼ確実に二次被害を受ける。特に在日コリアンであり、かつ女性である二重のマイノリティ性を有する被害者の場合、複合差別の対象となり、ネットリンチ状態となる危険性が高い。

本件でもとりわけ、2023年5月18日の崔さんの本人尋問と、同年7月20日の裁判結審の報道がネットで報道されたことを攻撃のネタとして、大量のネット上の攻撃がなされ、崔さんを非常に苦しめた。

たとえば同年7月21日の「Share News Japan」というまとめサイトが裁判報道を掲載したツイートには、7月24日の時点で約2400件のヘイトリプライ、約2000件のヘイトリツイート、4000件近い「いいね」マークがつけられ、閲覧数も236万件を超えるというネットリンチ状態となった。このアカウントの国会議員、ジャーナリスト、芸能人に関するツイートでも、閲覧数は数十万件なのに比しても特異である。

また、このツイートを引用したツイートのなかには、アンケート方式で意図的にリプライを大量に呼び込んで差別を煽動するものもあり、つぎつぎと急速に大量のヘイト書き込みが拡大した。そこで、弁護団は、大量の差別書き込みをピックアップし、プロバイダ、川崎市、法務局に対し削除要請をおこなった。

具体的には、本人尋問関連の書き込みについては、川崎市に対し、差別のない人権尊重のまちづくり条例にもとづいて、リストアップした①キムチ速報2本、②ツイート268本、③動画2本、④ブログ1本について、プロバイダに削除要請をおこなうことを要請した。

裁判結審関連の書き込みについては、横浜地方法務局川崎支局に対し、①Share News Japanの記事とツイート、②ツイート472本、③「笑韓ブログ」「厳選！韓国情報」「まるっとニュー速」「2ちゃん」4件について、人権侵犯被害申告をし、削除要請をおこなった。

崔さんは民事裁判を起こした当初より、さらに差別を受けて、その苦しみも恐怖も悪化し、心身の不調もひどくなった。睡眠障害もひどくなり、短時間しか眠れない状態に加え、寝ているあいだも悪夢を見るようになり、寝ること自体が苦痛をともなう状態に陥った。

被害当事者の背負う重圧

差別の被害者が属性を理由としての差別の認定を求めて民事裁判をおこなう場合、差別は同じ属性を有する人たちの共通の問題であることから、事実上、その属性を有する人々の代表のような役割を負うことになり、大変な精神的重圧を負う。

崔さんの場合、自らに対する差別を止めることだけでなく、生涯にわたり差別を受け続け苦しめられてきた地域の在日一世の方々、そして、これから生きていく子どもたちが差別から解放されることを願い、裁判を提訴することを決断した。

裁判は公開であり、その結果も公となり、報道される。判決内容は、自分の事件だけでなく、社会的な規範を形成する。事実上、他の裁判にも影響を与える。

崔さんの民事裁判においては、在日コリアンがもっとも苦しめられてきたとも言える「帰れ」という文言について、差別で違法であると正面から争った。そのため、崔さんは、判決の日が決まるまでは、裁判の重圧から、早く判決が出てほしいと話していたが、判決の日が決まってからは、判決の重みでさらに苦しんだ。

もし、「帰れ」は差別ではない、違法ではないとの判決が出たら、レイシストたちが「帰れ」と攻撃するのにお墨付きを与えてしまい、レイシストたちからの自分への攻撃の悪化はもちろん、他の在日コリアンへの「帰れ」攻撃を正当化するのにも使われてしまうのではないか。それで他の在日コリアンを苦しめ、なんで裁判なんかやったんだと非難されるのではないかと考えるほど追いつめられていた。常に判決のことが頭から離れず、負けるかもしれない、負けたら生きていけないとまで漏らしたこともあった。

力関係の不均衡を埋める法制度の必要性

このような構造的差別と日本の法制度の欠陥が原因で、差別の被害者が声を上げるのは非常に難しく、ほとんどの人たちは泣き寝入りせざるをえず、少数の人たちが犠牲を払って裁判を闘ってきたのである。

本来、このような力の不均衡を補う法制度が、差別禁止法であり、政府から独立した人権機関である。差別が存在することが前提となり、それをなくすための法律であるため、被害者が差別を訴えた場合、裁判所は差別があるのではないか、との疑いをもって審査をおこなうこととなる。また、差別が違法であるとされているため、裁判所は差別か否かの判断を避けることはできない。

のみならず、欧州連合（EU）の平等に関する指令[*40]においては、差別について被害者側の立証責任が転換され、被害者側が差別が推定される一応の証拠を出せば、加害者とされた側が差別がなかったことを立証しなければならない。国連障害者権利委員会も、一般的意見6（2018年）において、反差別法において立証責任を転換すべきと述べている。2022年12月に国連人権高等弁務官事務所が作成した「包括的反差別法制定のための実践ガイド[*41]」においても要請されている。

また、差別の被害者救済を目的のひとつとし、非公開で、マイノリティ性を有する人を構成員とする政府から独立した人権機関も、この力の不均衡を補う。

さらに、差別を犯罪とする刑事規制があれば、国が差別を非難する立場で捜査し、刑事裁判をおこなうので、ヘイトクライム被害者の負担は軽減する。

しかし、このような法制度がない日本では、差別の被害者は、マイノリティとしての不利な立場へのなんらのカバーもないままで、新たな差別者による攻撃まで覚悟して裁判をおこなっているのである。

差別の被害者個々人にもうこれ以上、このような命を削る負担を負わせてはならない。日本で具体的にどのような法制度をつくるべきかについては、第5章で論じたい。

【注】

＊1 詳細は、師岡康子『ヘイト・スピーチとは何か』(岩波新書、2013年) 参照。

＊2 神奈川県相模原市が人権条例案を策定する際に、ヘイトスピーチの立法事実として、市内にヘイトデモ・街宣があるかどうかのみに限定し、厳しく批判された。「『立法事実はない』相模原市人権条例案、独自の解釈に終始する市長」(『神奈川新聞』2024年2月7日付)。

＊3 法務省委託調査研究事業「外国人住民調査報告書」28ページ。法務省ウェブサイト「ヘイトスピーチ、許さない」の「ヘイトスピーチ・外国人の差別に関する実態調査」欄に全文が掲載されている。なお、公務員になれない等の公的な就職差別の問題はこの調査では見えなくされている。大石文雄「排除の法理　当然の法理の現在」(外国人人権法連絡会『日本における外国人及び民族的マイノリティの人権白書』2024年) 参照。

＊4 ジェレミー・ウォルドロン『ヘイトスピーチという危害』谷澤正嗣・川岸令和訳、みすず書房、2015年。

＊5 前嶋和弘「ヘイトクライム［憎悪犯罪］規制法とその問題点」(上智大学アメリカ・カナダ研究所『The Journal of American and Canadian studies』、2000年)。

＊6 国連「集団殺害罪の防止および処罰に関する条約」(ジェノサイド禁止条約、1948年) 参照。

＊7 「憎悪のピラミッド」にはバリエーションがあるが、ここではブライアン・レヴィンのものを紹介している。

＊8 「『ヤフコメ民をヒートアップさせたかった』在日コリアンを狙った22歳。ウトロ放火事件〝ヘイトクライム〟

の動機とは」（「Buzz Feed」２０２２年４月15日）。

＊９　「ハンマー投げつけた？　民団支部のガラス割られる。関係者『もしまた起きたら…』」（「ハフポスト」２０２１年12月21日）。

＊10　「大阪『コリア国際学園』放火事件　法廷で語られた〝ヘイト〟の正体」（『週刊金曜日』２０２２年10月25日）。

＊11　内閣府中央防災会議災害教訓の継承に関する専門調査会報告書「１９２３　関東大震災【第２編】」。

＊12　当時の竹内直人宮城県警本部長がこの噂を現認している。「不安あおる『震災デマ』　東日本大震災、宮城県警は打ち消しに動いた」（「毎日新聞」２０２４年１月27日）。

＊13　「〈東日本大震災〉震災後のデマ『信じた』８割超す　東北学院大、仙台市民調査」（「毎日新聞」２０１７年３月13日）。詳細は郭基煥『災害と外国人犯罪流言——関東大震災から東日本大震災まで』（松籟社、２０２３年）。

＊14　海外デジタルメディアＶＩＣＥ動画「Yakuza, Organized Crime, and the Japanese Right Wing」の８分50秒からのインタビュー参照。https://www.youtube.com/watch?v=qeWfPTCMCTo

＊15　「能登地震でもやっぱり出た、根拠のない『人工地震』デマはなぜ広がる？　かつてはオウム真理教も『阪神大震災は地震兵器の攻撃』」（「共同通信」２０１４年３月28日）。

＊16　国連人権高等弁務官ウェブサイト。"The Core International Human Rights Instruments and their monitoring bodies"

＊17　勧告の全文はヒューライツ大阪ウェブサイトに掲載されている。https://www.hurights.or.jp/archives/opinion/2013/11/post-9.html

＊18　藤本伸樹「人種差別撤廃委員会による日本報告審査を振り返る」（『国際人権ひろば』２０１４年11月号）。「ヒューライツ大阪」ウェブサイト参照。

＊19　個人通報研究会編『国際人権個人通報１５０選』現代人文社、２０２３年。

＊20　人種差別撤廃法とセットで、本来、多民族多文化共生社会を構築する義務、外国人の社会参画、労働、教育、社会保障などの人権保障、旧植民地出身者の戦後補償などを定めた「外国人及び民族的マイノリティの人権基本法」が必要である。日弁連の「外国人・民族的少数者の人権基本法要綱試案」（２００４年10月）をベースに現在、外国人人権法連合会が要綱を検討している。

＊21 たとえば1985年の女性差別撤廃条約締約の際の、男女雇用機会均等法制定、公教育における家庭科女子のみ必修から共修制度への改正、国籍法における父系血統主義から父母両系血統主義への改正など。

＊22 日本審査の結果の各総括所見の日本語訳は外務省ウェブサイト参照。https://www.mofa.go.jp/mofaj/gaiko/jinshu/index.html

＊23 2005年に結成された「『外国人・民族的マイノリティ人権基本法』と『人種差別撤廃法』の制定を求める連絡会」の略称。2024年9月現在、田中宏・丹羽雅雄共同代表、師岡康子事務局長。https://gjhr.net/about/

＊24 当時の会長は小川敏夫民主党参議院議員、事務局長は有田芳生民主党参議院議員。

＊25 条文は参議院ウェブサイト参照。https://www.sangiin.go.jp/japanese/joho1/kousei/gian/190/meisai/m19007189007.htm

＊26 経緯詳細については、師岡康子「はじめに——ヘイトスピーチ解消法の立法経緯と概要」（外国人人権法連絡会編著『Q＆Aヘイトスピーチ解消法』現代人文社、2016年）参照。

＊27 魚住裕一郎・西田昌司・矢倉克夫・三宅伸吾・有田芳生・仁比聡平・谷亮子監修『ヘイトスピーチ解消法　成立の経緯と基本的な考え方』（第一法規、2016年）参照。

＊28 人種差別撤廃委員会勧告（2018年）第13パラグラフ（a）。

＊29 法務省「ヘイトスピーチ、ゆるさない」ページ参照。https://www.moj.go.jp/content/001308139.pdf この文書は、法務省による同法の解釈指針でも通知でもなく、「参考情報」というあいまいな位置づけの文書であり、当初は非公開であり、外国人人権法及び国会議員の要請によりウェブサイトに公表されるまでによる数年を要した。この点からも法務省の同法に対するあいまいな姿勢がうかがわれる。

＊30 法務省人権擁護局「ヘイトスピーチの解消に向けた取組について」（2016年9月）参照。法務省ウェブサイト「人権教育・啓発中央省庁連絡協議会ヘイトスピーチ対策専門部会」第1回会議法務省説明資料内に掲載されている。

＊31 「緊急企画『人権を実現できる日本に─マイノリティ女性の人権侵犯申立から考える』を共催しました」（ヒューライツ大阪）。ウェブサイト参照。https://www.hurights.or.jp/japan/eventreport/2024/02/23.html

＊32 たとえば、東京都が2024年8月2日に公表したヘイトスピーチ認定した2024年3月31日の新宿区内での街宣での発言者は、川崎市内では川崎市の条例違反の差別発言を控えており、まわりも発言しないよう制止

している。https://www.metro.tokyo.lg.jp/tosei/hodohappyo/press/２０２４/08/02/09.html

＊33　日本弁護士連合会仮訳参照。https://www.nichibenren.or.jp/activity/international/library/human_rights/liberty_report.html

＊34　２０２０年４月、自由権規約委員会に対する「規約第40条（b）に基づく第７回報告書（自由権規約委員会からの事前質問票に対する回答）」43において、政府は「人種差別的な動機を量刑の加重事由とすることの確保」との質問に「人種差別的な動機を量刑の加重事由とする刑法上の規定はないが、個別の事件の量刑の判断に当たり、動機についても適切に考慮される」（第33パラグラフ）と答えている。

＊35　師岡康子「ウトロ等連続放火事件　判決の意義と課題」（『世界』２０２２年11月号）。「民団脅迫で有罪判決　姜団長『言いたいこと伝えてくれた』」（「神奈川新聞」２０２３年６月１日）。

＊36　外国人人権法連絡会「ヘイトクライム対策提言」（２０２２年４月）参照。

＊37　『法学セミナー』（２０１９年10月号）特集「在日女性への差別ツイートによる脅迫事件」参照。

＊38　ヘイトスピーチを許さないかわさき市民ネットワーク『根絶！ヘイトとの闘い　共生の街・川崎から』（緑風出版、２０１７年）１９５ページに法務局の勧告全文が掲載されている。

＊39　国連障害者権利委員会は、一般的意見６（２０１８年）において、国際人権の実行において認識されている４つの「主要な」差別の形態を特定している。これには（a）直接差別、（b）間接差別、（c）合理的配慮の否定、および（d）（保護される事由に基づく）ハラスメントがふくまれると述べている。包括的反差別法制定ガイドブックも差別の一形態として差別事由にもとづくハラスメントをあげている。

＊40　「人種又は出身民族にかかわりのない平等待遇原則を実施する理事会指令」（2000/43/EC）、「雇用及び職業における均等待遇の一般的枠組みを設定する指令」（2000/78/EC）など。

＊41　２０２４年３月、反差別国際運動が国連の許可を得て日本語訳を作成しウェブサイト上で公表している。https://imadr.net/guide_antidiscrimination_japanese/

第3章

ヘイトスピーチ裁判の歴史と「祖国へ帰れは差別」判決の意義

警察に守られながら進むレイシストのデモ隊（写真提供：石橋学）

抗議の声を上げるカウンターの市民たち（写真提供：矢部真太）

神原　元

はじめに

２０２３年10月12日、横浜地裁川崎支部は、崔江以子《チェカンイヂャ》さんに対して「さっさと祖国へ帰れ」とネット上で誹謗した人物に対し、この投稿だけで１００万円、他の投稿に合計70万円、弁護士もふくめて合計１９４万円の支払いを命じる判決を下した。結論だけ見れば当然の判決のようにも見えるだろう。しかし、われわれ専門家から見てこの判決は法的に「画期的判決」だ。

なぜそう言えるのか。この章ではこの点を解説したい。そのためには、この判決に行きつくまでの長い道のり、ヘイトスピーチ裁判の歴史をふり返ってみる必要がある。

1　ヘイトスピーチ裁判はなぜ難しいのか

誰かがヘイトスピーチをしているとき、日本でヘイトスピーチをした人物を裁判にかけるのはとても難しい。その点をまず説明しよう。

差別を禁止する法律がないこと

第一に、日本には「差別」を禁止する法律がないという点だ。こういうことを言うと驚く人もいるかもしれない。憲法があるじゃないか。憲法14条は法の下の平等を謳っているじゃないかと。たしかに、憲法14条は「法の下の平等」ということを謳っている。条文はこうだ。

「すべて国民は、法の下に平等であつて、人種、信条、性別、社会的身分又は門地により、政治的、経済的又は社会的関係において、差別されない。」

これによれば、法は「人種」によって「差別されない」と言っていることはまちがいない。したがって、ヘイトスピーチは憲法14条の「精神」に反するとまでは言える。しかし、憲法は本来「市民」と「国家」とのあいだを規律する法であって、「市民」と「市民」のあいだを規律する法律ではないとされている。

憲法自身は、憲法の役割として次のように述べている。「この憲法は、国の最高法規であつて、その条規に反する法律、命令、詔勅及び国務に関するその他の行為の全部又は一部は、その効力を有しない」(憲法98条1項)。つまり、憲法に違反することの直接の効果は法律や命令など、国の行為が無効になることだというのである。

こんな規定もある。「天皇又は摂政及び国務大臣、国会議員、裁判官その他の公務員は、この憲法を尊重し擁護する義務を負ふ」(憲法99条)。ここで言っていることは憲法尊重義務を負っているのは「公務員」だということだ。逆に言うと、一般市民が憲法を守る義務を負っているわけではない。憲法は権力者がその権限を濫用しないように権力者を拘束するためにあると言われる（この考え方を「立憲主義」と言う）。そうである以上、一般市民が憲法に反する言動をしたからと言って、それだけで直ちに罪を問われたり、賠償義務を負ったりするわけではないのである。

そうすると、憲法を直接私人間に適用して「差別」を禁止するわけにはいかない。したがって、ヘイトスピーチに代表される「差別」を禁止するためには、別途法律が必要だ。ところが、第2章で詳しく論じたとおり、日本にはいまだ「差別」を禁止する法律がない。「差別」を禁止する法律がないということは、ヘイトスピーチをした人物を裁判にかける際のひとつの障害になる。

憲法の「間接適用」には限界があること

これまでの裁判例では、憲法を私人間に直接適用はできないが、民法の解釈や契約の解釈の際に憲法を参考にする、という形で「憲法を間接的に適用する」という工夫をしてきた。このような考え方を「間接適用説」という。

たとえば、会社の就業規則で定年年齢を男性60歳、女性55歳と定めるのはどうか。最高裁はそのような就業規則は民法90条（公序良俗）に違反して無効だと結論した。*1 判旨は以下のとおりだ。

「上告会社の就業規則中女子の定年年齢を男子より低く定めた部分は、専ら女子であることのみを理由として差別したことに帰着するものであり、性別のみによる不合理な差別を定めたものとして民法九〇条の規定により無効であると解するのが相当である（憲法一四条一項、民法一条ノ二参照）」（なお、現在では男女雇用機会均等法によって雇用待遇を男女で差別することは法律によって禁止されている。最高裁判例は法律で差別を禁止する以前のものであった）。

同じような考え方で、人種差別に関連して憲法や国際法を適用した裁判例はいくつかあった。ひとつは、公衆浴場の経営者が外国人の入浴を拒否するという扱いをした事例だ。これについて札幌地裁2002年11月11日判決[*2]は、「憲法14条1項、国際人権B規約及び人種差別撤廃条約は私法の諸規定の解釈にあたっての基準の一つとなりうる」「憲法14条1項、国際人権B規約26条、人種差別撤廃条約の趣旨に照らし、私人間においても撤廃されるべき人種差別にあたる」と述べて浴場の経営者に損害賠償を命じた。

もうひとつはゴルフ会員権をめぐる人種差別だ。ゴルフ会員権取得には「日本国籍を有すること」が要件となっている例が多く、しばしば裁判となる。これについてたとえば、東京地裁1995年3月23日判決[*3]は、間接適用説の立場に立って、「憲法14条の規定の趣旨に照らし、社会的に許容し得る限界を超えるものとして、違法との評価を免れない」と述べてゴルフ場側に損害賠償を命じた。

このように、憲法を私人間に「間接的に」適用して、差別を違法とすることは判例では少しずつおこなわれてきた。だとすれば、ヘイトスピーチも憲法を「間接的に適用して」規制できるようにも見える。

ただし、これらの例はいずれも私人間になんらかの契約関係（契約を結ぼうとする関係をふくむ）があることが前提になっていることに注意してほしい。

司法試験受験生が使用する代表的な憲法の教科書に芦部信喜著『憲法』（岩波書店）がある。そこには「間接適用説は、純然たる事実行為による人権侵害に対しては、それを真正面から憲法問題として争うことはできない。民法七〇九条の不法行為に基づく損害賠償の救済手段はあるが、それにも限界がある」と記載されている。[*4] お互い契約関係にない市民同士でいきなり人権侵害がなされたとして、たとえば市民が他の市民に対してヘイトスピーチを浴びせたとしても、それだけで憲法をもち出して損害賠償請求をすることには、判例も学説も長年躊躇してきたのである。

「表現の自由」がなにより大事だ、という考え方が主流だったこと

先にあげた公衆浴場やゴルフ会員権の事例と比較した場合、ヘイトスピーチを法律によって規制する場合には、規制の対象が「表現行為」であるという特徴がある。ヘイトスピーチを法律で規制することに多くの法律家が躊躇をしてきた背景には、憲法上「表現の自由」がなにより大切だという考えがあった。最高裁は次のように述べている。[*5]

「主権が国民に属する民主制国家は、その構成員である国民がおよそ一切の主義主張等を表明するとともにこれらの情報を相互に受領することができ、その中から自由な意思をもつて自己が正当と信ずるものを採用することにより多数意見が形成され、かかる過程を通じて国政が決定されることをその存立の基礎としているのであるから、表現の自由、とりわけ、公共的事項に関する表現の自由は、特に重要な憲法上の権利として尊重されなければならないものであり、憲法二一条一項の規定は、その核心においてかかる趣旨を含むものと解される」(「北方ジャーナル事件」)。

民主主義社会においては、市民が自分の意見を自由に言い合って世論が形成され、それによって国の行く末も決まるのだから、「表現の自由」は大切だ、ということである。そのとおりであって、わたしも異論はない。問題はそのことと、ヘイトスピーチ規制との関係であった。

たとえば、先にあげた芦部信喜『憲法』は「表現の自由はなにより大切だ」という考え方にしたがって、「表現の自由」を最大限保障した米合衆国最高裁の「ブランデンバーグ事件」判決等を紹介し、表現の自由の保護を強く訴えた。それはそれで正しいのだが、問題は「ブランデンバーグ事件」で起訴されたのはクー・クラックス・クラン（ＫＫＫ）のメンバーであり、処罰の対象となったのは「ニガー」のような典型的なヘイトスピーチだったこと、そこに表現の自由と人種差別をめぐる深刻な問題が潜んでいたことが軽視されてしまったことだった。

米国は「表現の自由」を最大限保障する一方、公民権運動を経て、人種差別は許されないとする意識が市民社会に根づいていた。他方、日本社会で人種差別に対する自浄作用は働きにくく、永く続いた自民党政治がその担い手となる市民社会のさまざまな運動をつぶしてきた。

そこで、憲法学において、政府の規制から「表現の自由」を守ることがなによりも大切、との思想が主流を占めて当然だった。

現行法での対応にも限界があったこと

そこで、わたしたちをふくめ、法律家は、現行法の範囲でヘイトスピーチに対応しようとしていた。ところが、それには限界があった。

まず、「朝鮮人を殺せ」「朝鮮人はゴキブリだ」という言葉を例にとると、ヘイトスピーチの大部分は「朝鮮人」という不特定多数のまとまり、集団を指しておこなわれているのが常であった。これに対して現行法で対応しようと考えた場合、名誉毀損罪や侮辱罪、脅迫罪、そして民事の損害賠償など、現行法はいずれも「特定個人」を被害者と想定していて、「不特定多数人」を被害者として想定してはいなかった。したがって、ヘイトスピーチの大部分は現行法では対応できないことになる。

また、仮にヘイトスピーチで個人に向けられたもの（たとえば崔江以子さんという特定個人に対してヘイトスピーチをした場合）であっても、現行法による対応には重大な限界があった。たとえば、「お前は朝鮮人だ」というのは名誉毀損には当たらない。名誉毀損とはその人の社会的評価を低下させる言動であるところ、「朝鮮人である」ことは悪いことでもなんでもないので名誉毀損とは言えないからだ。ヘイトスピーチの大部分は名誉毀損とは言えない場合であった。

「祖国に帰れ」という言説も名誉毀損とは言いがたい。これは「朝鮮人であるお前は祖国である朝鮮に帰国すべきだ」という意見表明と受け取られがちだからである（したがって刑事はもちろん民事責任を問うことも難しかった）。「朝鮮人であるお前を殺してやる」と言えば脅迫にあたることは明白であるが、そのような例は多くなかった。

唯一可能性が高いのが侮辱の例だった。たとえば、「朝鮮人であるお前はゴキブリのような奴だ」と言えば侮辱に当たりうる。ただ、民事上の侮辱は「名誉感情毀損」（いわばプライドを傷つけること）とされ、賠償額が1件5万~10万円程度であったから、ヘイトスピーチの対策として十分とは言えなかった。また、「侮辱罪」は刑事事件としては微罪と見られがちであり、警察が立件に動いてくれる例はほとんどなく、仮に立件されても「1万円未満」という「科料」がせいぜいであった（2022年改正前）。

そもそも、民事でも刑事でも、名誉毀損や侮辱が違法なのに差別は違法ではないというのが問題であった。名誉毀損はその人の社会的評価を低下させること、侮辱とはその人の名誉感情（いわばプライドのようなもの）を毀損することである。そのことと、人間間の平等性を否定する「差別」や、人を差別する言動であるヘイトスピーチとは、根本的に違う。根本的に違うヘイトスピーチを、名誉毀損や侮辱という枠組みに押し込めて解釈することにはそもそも無理があった。

2 画期的な「京都朝鮮学校襲撃事件」京都地裁判決（2013年）

ところが、状況を一変させる重大な判決が出る。これが京都朝鮮学校襲撃事件に関する2013年10月7日京都地裁判決だ。この年、わたし自身は新大久保での「在日特権を許さない市民の会（在特会）」のヘイトデモに対してカウンター活動をおこなっていた時期で、大いに注目していた。

蓋を開けてみれば「地を揺るがすような」画期的判決であった。

京都朝鮮学校襲撃事件とはなにか

京都朝鮮学校襲撃事件とは、2009年12月4日と翌2010年1月4日、在特会のメンバーが京都朝鮮第一初級学校の正門前で激しいヘイトスピーチをおこない、さらに3月28日には京都市内でヘイトスピーチをふくむ街頭デモをおこなったうえ、その映像をインターネットに掲載したという事件だった。

在特会が襲撃した時間、学校のなかには多くの小学生が在校していた。その小学生にも聞こえる声で、学校をめがけて、在特会のメンバーは以下のような罵詈雑言を浴びせたのである（判決の認定から）。

「この学校の土地も不法占拠だ」「我々の先祖の土地を奪った。戦争中、男手がいないとこから、女の人をレイプして奪ったのがこの土地」「戦後焼け野原になった日本人につけこんで、民族学校、民族教育闘争、こういった形で、至るところ、至る日本中、至るところで土地の収奪が行われている」「日本の先祖からの土地を返せ」「これはね、侵略行為なんですよ、北朝鮮による」「ここは北朝鮮のスパイ養成機関」「犯罪者に教育された子ども」「ここは横田めぐみさんを始め、日本人を拉致した朝鮮総連」「朝鮮やくざ」「こいつら密入国の子孫」「朝鮮学校を日本からたたき出せ」「出て行け」「朝鮮学校、こんなものはぶっ壊せ」「約束というのはね、人間同士がするもんなんですよ。人間と朝鮮人では約束は成立しません」「日本に住ましてやってんねや。な。法律守れ」「端のほう歩いとったらええんや、初めから」「我々は今までみたいな団体みたいに甘うないぞ」「この門を開けろ、こらぁ」

また、在特会は、学校周辺に接近禁止の仮処分が発令されると、2010年3月28日、今度は京都市内でデモ行進をおこない、気勢を上げた（判決の認定から）。

「ゴキブリ、ウジ虫、朝鮮半島へ帰れー」「くやしいくやしい朝鮮人は、金正日のもとに、帰れー」「京都をキムチの匂いに、まみれさせてはいけない」「ゴキブリ朝鮮人、とっとと失せろー」「日本に差別され、くやしい、くやしい朝鮮人は、一人残らず、朝鮮半島に帰れー」「日本の子どもたちの笑い声を奪った、卑劣、凶悪な朝鮮学校…。子どもを盾に犯罪行為を正当化する不逞鮮人を許さないぞ」

呆れかえって言葉を失うほど醜悪なヘイトスピーチである。2009年当時これを身体で止める「カウンター勢力」はまだ育っていなかった。まさに「やりたい放題」だったのである。『表現の自由』を守ることが大事」と考えていた法律家は、まさかこんなことが起きるとは想像していなかったのだろう。現実は法律家の想像を超え、その法律論の前提を根底から覆していくのだ。

刑事事件、そして、歴史的地裁判決へ

関係者の苦労の成果だろう、2010年8月10日、在特会のメンバーらは、最初の街頭宣伝について威力業務妨害罪および名誉毀損罪、器物損壊罪の被疑事実で逮捕された。同月31日、京都地検は、彼らを威力業務妨害、侮辱罪、器物損壊罪で起訴、翌2011年4月21日、京都地裁は、

懲役1～2年の執行猶予付き判決を下した（2012年2月23日までにすべて確定）。その内容のあまりのひどさからすれば当然だったが、ここで裁かれたのは門前の業務妨害行為のみであり、市内における街頭デモは公訴事実ではなかった。

2010年6月28日、朝鮮学校側は在特会の民事責任追及のため訴訟提起に踏みきった。マイノリティである朝鮮学校側が訴訟という行動に踏みきるには、多くの迷い、躊躇、そして恐怖があったと想像できる。

2013年10月7日、京都地裁は、在特会側による名誉毀損や業務妨害の事実を認め、街宣禁止（移転後の所在地を中心とした半径200メートル以内もふくめて）と1226万3140円の賠償を命じる判決を言い渡した。ヘイトスピーチを理由に街頭宣伝を禁止するという面も画期的だが、なにより1200万円を超える高額賠償を認めた点が画期的であった。

ヘイトスピーチは悪であり、表現の自由の名のもとに正当化されない。このことを公的に明言した、最初の、そして決定的な判決だった。在特会は新宿・新大久保でカウンター勢力に押し込まれていたが、この判決によって決定的に正当性を失い、その後は衰退の一途をたどった。その意味で、「ヘイトスピーチ」をとりまく状況を一変させるほどのインパクトがあったと言える。

京都地裁判決の論理

京都地裁判決の画期性は単に接近禁止や高額賠償を認めた点だけにあるのではない。在特会のヘイトスピーチを「人種差別」だと認定し、人種差別撤廃条約を適用した点でも画期的だった。判決は、名誉毀損や業務妨害を認定したうえで、以下のとおり述べている。

「本件活動に伴う業務妨害と名誉毀損は、いずれも、在日朝鮮人に対する差別意識を世間に訴える意図の下、在日朝鮮人に対する差別的発言を織り交ぜてされたものであり、在日朝鮮人という民族的出身に基づく排除であって、在日朝鮮人の平等の立場での人権及び基本的自由の享有を妨げる目的を有するものといえるから、全体として人種差別撤廃条約1条1項所定の人種差別に該当するものというほかない。したがって、本件活動に伴う業務妨害と名誉毀損は、民法709条所定の不法行為に該当すると同時に、人種差別に該当する違法性を帯びているということになる。」「原告に対する業務妨害や名誉毀損が人種差別として行われた本件の場合、わが国の裁判所に対し、人種差別撤廃条約2条1項及び6条から、同条約の定めに適合する法の解釈適用が義務付けられる結果、裁判所が行う無形損害の金銭評価についても高額なものとならざるを得ない。」

ここで言っていることは、在特会のヘイトスピーチは「人種差別」であり、人種差別撤廃条約が日本の裁判所にその点をふまえて判決するよう求めているので、判決で認定する賠償額は高額になる、ということだ。このように、京都地裁判決は人種差別撤廃条約適用の効果として賠償金額の高額化という効果を認めた点でも画期的だったのである。

他方、京都地裁判決はこんなことも言っている。

「もっとも、例えば、一定の集団に属する者の全体に対する人種差別発言が行われた場合に、個人に具体的な損害が生じていないにもかかわらず、人種差別行為がされたというだけで、裁判所が、当該行為を民法709条の不法行為に該当するものと解釈し、行為者に対し、一定の集団に属する者への賠償金の支払を命じるようなことは、不法行為に関する民法の解釈を逸脱しているといわざるを得ず、新たな立法なしに行うことはできないものと解される。（中略）わが国の裁判所は、単に人種差別行為がされたというだけでなく、これにより具体的な損害が発生している場合に初めて、民法709条に基づき、加害者に対し、被害者への損害賠償を命ずることができるというにとどまる。しかし、人種差別となる行為が無形損害（無形損害も具体的な損害である。）を発生させており、法709条に基づき、行為者に対し、被害者への損害賠償を命ずることができる場合には、わが国の裁判所は、人種差別撤廃条約上の責務に基づき、同条約の定めに適合するよう無形損害に対する賠償額の認定を行うべきものと解される」

これはとてもわかりにくい。なにを言わんとしているかというと、「人種差別」そのものは、それだけでは不法行為ではないということだ。名誉毀損なり業務妨害なりで、なにか不法行為による損害が生じている場合には、人種差別であることを理由に賠償額が高額になる、ということである。この点は、あとで説明するように、中根寧生《ねお》さんの判決や「祖国に帰れは差別」判決との関係で、とても重要なポイントとなるだろう。

要するに、前に書いたとおり、現行法が「差別」を違法としていない以上、「差別したから違法だ」とは言えない。だから、判決も「名誉毀損」「業務妨害」という従来の枠組みのなかで処理せざるをえなかった。ただ、「人種差別」の部分は賠償額の点に反映させましょう、ということである。これは「差別」そのものを違法にしていない現行法のもとで、ギリギリ人種差別に重い責任をとらせようという弥縫策であるとも言える。
京都地裁判決は、大阪高裁でも認められ、2014年12月9日、最高裁で確定した。

ヘイトスピーチに関するその後の裁判例

以上のとおり、京都地裁2013年判決は、名誉毀損や業務妨害という現行法の枠組みのなかで民法上の損害賠償請求権を認め、賠償額の算定において人種差別を考慮する、という判断方法をとった。このような枠組みはその後いくつかの裁判例で使用された。

①李信恵さんのヘイトスピーチ訴訟

在日のルポライターである李信恵さんが、自身に対するヘイトスピーチについて、在特会の会長桜井誠と、彼らのプラットホーム・まとめサイト「保守速報」を訴えた事件である。李信恵《リシネ》さんは在特会のヘイトスピーチを積極的にルポで取り上げ批判していたところ、桜井誠らによってインターネット上で激しいヘイトスピーチを受けていた。この裁判はインターネットにおけるヘイトスピーチとどう闘うかという点にとりくんだ初期の裁判である。

ここで、桜井誠に対する一審判決は、「人種差別撤廃条約の趣旨及び内容に照らせば、被告桜井の上記不法行為（名誉毀損及び侮辱）が上記の条約の趣旨に反する意図をもって行われたものである点も、慰謝料の算定において考慮されなければならない」と判断した（高裁も同じ）。これは現行法の枠組み（名誉毀損および侮辱）のなかで不法行為性を認定したうえで、人種差別は慰謝料の算定において考慮するという判断方法であった。

保守速報に関する判決は、人種差別とともに女性差別を認定し、「複合差別」という新しい問題を提起した点で画期的であった。特に一審判決は、「人種差別」「女性差別」を独立の違法要素として認定したと読む余地があった。

その控訴審判決は、「このような人種差別（女性差別）は、控訴人の侮辱行為の悪質性を基礎づける」として、人種差別や女性差別は「侮辱の悪質性」を考慮する要素だとして、京都地裁判決と同様の判断方法をとっているように読める。

②徳島県教組襲撃事件

在特会のメンバーが、貧困家庭の支援のためカンパを集めていた徳島県教職員組合に対し、カンパが朝鮮学校に寄付されるなどと言いがかりをつけてその事務所を襲撃したという事件であった。襲撃した主要なメンバーは京都朝鮮学校襲撃事件の犯人と重なっており、襲撃の際、女性の教員に対して、「朝鮮の手先」「朝鮮の犬」等と罵声を浴びせていた。

この女性が在特会側に損害賠償を請求した事案に関する控訴審・高松高裁2016年4月25日判決は、在特会の一連の行為が人種差別意識にもとづくものであると認めたうえで、「人種差別を撤廃すべきものとする人種差別撤廃条約の趣旨は、条約が『人種差別』として禁止し終了させる措置を求める行為の悪質性を基礎付けることになり、当該不法行為の違法性、非難可能性の程度を評価するにあたって十分に考慮しなければならない」と判断した。この手法も前記京都地裁判決の方法を踏襲するものだと言っていい。

以上のとおり、在特会の言動を名誉毀損など現行法の枠内で不法行為と認めつつ、人種差別撤廃条約の趣旨を賠償額の算定において考慮する、という京都地裁判決の手法は広く定着しつつあった。これが、ヘイトスピーチ解消法制定前夜の状況であった。

3　ヘイトスピーチ解消法制定（2016年）のインパクト

ヘイトスピーチ解消法の制定

日本に人種差別を禁止する法律がないことから、とりわけ2013年ごろをピークとしてヘイトスピーチが横行し、在日コリアンの人々に重大な被害をもたらしていたことは第1章、第2章で詳しく述べたとおりである。

2014年8月には人種差別撤廃条約にもとづき設置された人種差別撤廃委員会から日本政府に対し、定期報告に対する最終見解として、ヘイトスピーチの広がりなどに懸念を示し、適切な措置をとるよう勧告がおこなわれた。２０１４年12月９日には京都朝鮮学校襲撃事件に関する在特会側の敗訴が最高裁で確定し、ヘイトスピーチをする側の正当性が崩れていた。

２０１５年８月、野党からは、ヘイトスピーチをふくむ総合的な差別禁止法案である、「人種差別撤廃施策推進法案」が国会に提出された。２０１５年末ごろから、川崎・桜本におけるヘイトスピーチがひどくなるとともに、本書の主人公である崔江以子さんを中心に、これに対する反対運動が始まり、日本にも人種差別を禁止する法律をつくろうという運動と機運が高まった。第１章で紹介されたように、２０１６年３月22日、崔さんが国会で意見陳述をしたのは、野党提出の「人種差別撤廃施策推進法案」の法案についての参考人としてであった。

他方、与党の側でも２０１６年３月に法制化に向けたワーキンググループが設置された。ここでつくられた法案がのちのヘイトスピーチ解消法である。法務委員会に所属する与野党の国会議員は、３月31日、桜本に視察に行き、「ヘイトスピーチが許されず、その解消に向けた取組が必須であることについて、与野党の委員の間で認識が共有された」という。[*6] ４月８日、与党自民党と公明党は法案を参議院に提出、２０１６年５月24日に成立したのが、「本邦外出身者に対する不当な差別的言動の解消に向けた取組の推進に関する法律（平成28年法律第68号）」、いわゆる「ヘイトスピーチ解消法」である。同法は、２０１６年６月３日に施行された。

このように、この法律は、崔江以子さんを中心とした運動の力が国会議員を巻き込み、与野党の国会議員の認識を一致させることによって成立させた稀有な法律である。提案者である与党議員はもちろん、野党側も「前向きに評価し賛成いたしました」（日本共産党・仁比聡平参議院議員）

としており、政治家らの判断は、ヘイトスピーチを根絶する、という一点において完全に一致しており、この法律は、そのことを社会に示したものであった。

ヘイトスピーチは「許されない」を宣言

具体的に条文を見てみよう。この法律で重要なのは「前文」だ。

「我が国においては、近年、本邦の域外にある国又は地域の出身であることを理由として、適法に居住するその出身者又はその子孫を、我が国の地域社会から排除することを煽動する不当な差別的言動が行われ、その出身者又はその子孫が多大な苦痛を強いられるとともに、当該地域社会に深刻な亀裂を生じさせている。」

ここは、この法律の制定理由となった立法事実を記載した部分だ。近年、ヘイトデモが地域社会に押し寄せ、在日コリアンの人々に苦痛を強いるとともに、地域社会に亀裂を生じさせているというのである。第1章で紹介した桜本の状況をふまえると、この記載の意味はよくわかるだろう。国会議員らが桜本を視察し地元の声を聴いた成果がきちんと法律に反映されている。

「もとより、このような不当な差別的言動はあってはならず、こうした事態をこのまま看過することは、国際社会において我が国の占める地位に照らしても、ふさわしいものではない。ここに、このような不当な差別的言動は許されないことを宣言するとともに、更なる人権教育と人権啓発などを通じて、国民に周知を図り、その理解と協力を得つつ、不当な差別的言動の解消に向けた取組を推進すべく、この法律を制定する。」

これがこの法律の肝の部分だ。この法律は、ヘイトスピーチを「不当な差別的言動」と表現した。そのうえで、「あってはならない」「許されない」として、その旨を「宣言」したのである。

ここで注意すべきは「(ヘイトスピーチを)してはならない」という表現を使わず、あえて、「許されない」という表現を用いたことである。この「許されない」という表現について、立法者は、国会で次のように説明している。[*7]「これは、してはならないという禁止規定にしますとどういうことになるかといえば、さきほども申し上げたとおり、表現内容の規制という形にやはりこれはなってしまう。(中略)そのような判断から、してはいけないというのは、憲法の問題を克服できないというところで、我々は取るべきでないという判断をいたしました」

ここで言わんとするところは、この法律は、ヘイトスピーチを禁止する法律ではないということだ。「してはならない」という表現をとると、ヘイトスピーチを禁止しているように読めてしまう。それではいけないという判断から「してはならない」ではなく、「許されない」という表現をとったというのだ。この点を自民党の西田昌司議員はより明確に以下のとおり述べている。

「この法律は、理念法という形で、禁止という形を取っておりません。その一番大きなのは、要するに、憲法上の表現の自由の保障をしっかりしなければならない、これは、やっぱりどうしてもこれは一番守らなければならない、そういう価値であるということを考えた結果、我々がこういう前文において本邦外出身者に対する不当な差別的言動は許されないということを宣言し、更なる人権教育と人権啓発などを通じて国民に周知を図り、その理解と協力を得つつ不当な差別的言動の解消に向けた取組を推進するものであります。」

ヘイトスピーチ解消法をつくった国会議員らも、ヘイトスピーチ規制は表現の自由との兼ね合いで難しいと考えており、ヘイトスピーチを禁止するのではなく、「許されない」という理念を示したうえで、あとは国民のモラルに期待したのである。

ヘイトスピーチの定義

次に重要なのが、このように「許されない」と宣言された「ヘイトスピーチ」とはなにか、である。まず、条文をそのまま引用しよう。

「この法律において『本邦外出身者に対する不当な差別的言動』とは、専ら本邦の域外にある国若しくは地域の出身である者又はその子孫であって適法に居住するもの（以下この条において「本邦外出身者」という。）に対する差別的意識を助長し又は誘発する目的で公然とその生命、身体、自由、名誉若しくは財産に危害を加える旨を告知し又は本邦外出身者を著しく侮蔑するなど、本邦の域外にある国又は地域の出身であることを理由として、本邦外出身者を地域社会から排除することを煽動する不当な差別的言動をいう。」（ヘイトスピーチ解消法第2条）

このままでは、長くてわかりにくい。まず、「本邦外出身者」という人々が「専ら本邦の域外にある国若しくは地域の出身である者又はその子孫であって適法に居住するもの」と定義されているので、そこを省略して分節してみよう。そうすると、この法律は、「ヘイトスピーチ」を

「本邦外出身者に対する不当な差別的言動」と名付けており、その内容として次のように書いていることがわかる。

「本邦外出身者に対する、①差別的意識を助長し又は誘発する目的で、②公然と、③(i)その生命、身体、自由、名誉若しくは財産に危害を加える旨を告知し又は、(ii)本邦外出身者を著しく侮蔑するなど、(iii)本邦の域外にある国又は地域の出身であることを理由として、本邦外出身者を地域社会から排除することを煽動する不当な差別的言動」

つまり、この法律にいう「不当な差別的言動」とは、第一に、「本邦外出身者」に対する差別的意識を助長し、または誘発する目的でなされるものを言うことになる。

「本邦外出身者」とは、「専ら本邦の域外にある国若しくは地域の出身である者又はその子孫であって適法に居住するもの」であり、要するに海外にルーツをもつ人々を指す。そうすると、この法律にいう海外にルーツをもつ人々を差別する目的をもった言動であるから、他のマイノリティ、たとえばLGBTの人々とか、障害者に対する差別とかは、ここにふくまれていない。

また、差別を助長したり誘発したりする目的が必要であるから、無意識で「うっかり」差別的なことを言ってしまったとしても、直ちにこの法律にいう差別的言動には当たらないことになる。

第二に、この法律にいう「差別的言動」とは「公然と」なされたものでなければならない。「公然と」とは不特定多数人に公開されたものを言う。したがって、デモや集会やインターネットで公開されたヘイトスピーチはこれに当たるが、自宅でひっそりとなされたヘイトスピーチはこれに当たらない。

第三に、ヘイトスピーチとは、海外にルーツがあることを理由として、その人々の生命、身体、自由、名誉若しくは財産に危害を告知する言動（③ⅰ）、本邦外出身者を著しく侮蔑する言動（③ⅱ）、それ以外の、その人を地域社会から排除することを煽動する言動である（③ⅲ）。

つまり、ここにいう「不当な差別的言動」とは、以下の3種類があげられることになる。

（ⅰ）海外にルーツのある人々に危害を加えるような言動（③ⅰ：害悪告知型）

（ⅱ）海外にルーツのある人々を著しく侮辱する言動（③ⅱ：侮辱型）

（ⅲ）海外にルーツのある人々を地域社会から排除する言動（③ⅲ：排除型）

条文の書きぶりからすれば、（ⅰ）と（ⅱ）は（ⅲ）の「例」であり、（ⅲ）が全体を包摂する概念だということになりそうであるが、いずれにしても、適用の場面ではこの3類型を念頭に置くことが重要になっていく。

ヘイトスピーチの3類型

わたしは、この条文を見て、当時「なるほど」と唸ったことがある。わたしは2013年当時から数々のヘイトデモを目撃し、またインターネットなどで多数のヘイトスピーチを観察していたが、この条文は、これらのヘイトスピーチを網羅し、うまくまとめていたからだ。少し説明しよう。まず、国会での答弁だ。

「ヘイトスピーチの定義は必ずしも確立したものではございませんが、今般の調査においては、一般的にヘイトスピーチとして指摘されることの多い内容として、一、特定の民族等に属する集団を一律に排斥する内容、二、特定の民族等に属する集団の生命等に危害を加える内容、三、特定の民族等に属する集団を蔑称で呼ぶなどして殊更に誹謗中傷する内容を念頭に調査を行ったものでございます。聞き取り調査においても、多くの方々がヘイトスピーチと聞いてイメージするものとしてこうした内容を挙げられていたものと認識いたしております。[*8]」

このように、国会では聞き取り調査をふまえて、立法者は、ヘイトスピーチは、「排除類型」「害悪告知類型」、「侮辱類型」に分類できると考えていたことがわかる。なお、与党の矢倉克夫議員は、この答弁に続けて、「今様々な要素を挙げられたわけですが、私も調査の結果を聞いた限りだと、特に特定の民族や国籍に属する集団を一律に排斥する内容のスピーチも非常に多いと。この地域社会から出ていけと、こう言っていく、あなたたちはそこの人間ではないんだ、出ていけと、こういうふうに排除をする、そういうような内容も多かったというようなことも聞いております」と述べているが、わたしが現場で見てきたヘイトスピーチの実態と合致している。

さらに、法律成立後、法務省はホームページに「ヘイトスピーチ、許さない」とのタイトルで啓蒙ページをつくっているが、ここでは「ヘイトスピーチ」を次のように説明している。

特定の国の出身者であること又はその子孫であることのみを理由に、日本社会から追い出そうとしたり危害を加えようとしたりするなどの一方的な内容の言動が、一般に「ヘイトスピーチ」と呼ばれています（内閣府「人権擁護に関する世論調査（平成29年10月）」より）。

例えば、

（1）特定の民族や国籍の人々を、合理的な理由なく、一律に排除・排斥することをあおり立てるもの（「〇〇人は出て行け」、「祖国へ帰れ」など）

（2）特定の民族や国籍に属する人々に対して危害を加えるとするもの（「〇〇人は殺せ」、「〇〇人は海に投げ込め」など）

（3）特定の国や地域の出身である人を、著しく見下すような内容のもの（特定の国の出身者を、差別的な意味合いで昆虫や動物に例えるものなど）

などは、それを見聞きした方々に、悲しみや恐怖、絶望感などを抱かせるものであり、決してあってはならないものです。

ここでも、「ヘイトスピーチ」を「排除類型」「害悪告知類型」「侮辱類型」に分類したうえで、さらに、それぞれの例を挙げている。くり返し述べると、現状日本で蔓延しているヘイトスピーチをこのような観点で一応分類してみることはとても意義があることだと思う。

特に「排除類型」について

このように、現状日本で蔓延しているヘイトスピーチをこのような観点で一応3つに分類してみることを前提として、このあと問題になってくる、「排除類型」について2点補足しておきたい。

第一に、「排除類型」こそがヘイトスピーチの典型だということだ。先にあげた国会での矢倉議員の発言も、わたしが長年現場で見聞きしてきた状況と合致している。

実は、「日本から出ていけ」とのヘイトスピーチはインターネットが普及するはるか以前からおこなわれていたようだ。1980年代、指紋押捺を強要する外国人登録法の抜本的改正を求める「指紋押捺拒否運動」が在日コリアンの人々を主体としておこなわれたが、『指紋押捺拒否者への脅迫状を読む』（明石書店、1985年）には、運動に参加して外国人登録法違反の疑いで逮捕された李相鎬《イサンホ》さんに送られた61通の脅迫状が掲載されている。一部を見てみよう。

「李さんよ、日本に居住する以上はその国の法律は良きにつれ悪しきにつれ守るのは当たり前です。（中略）李さん日本がいやなら韓国に遠慮なく帰りなさい」

「君は外国人である。日本を馬鹿にしている。法律を守らない者は自分の国に帰りなさい」

「朝鮮人は全部自分の国に帰れ、日本としても大めいわくだ」

「日本の法律に不満であれば、自分の国にかえりなさい（中略）。日本に不満を持ち迷惑をかけるなら韓国へ帰りなさい」

掲載された61通の脅迫状のうち、42通までが「帰れ」またはそれに類する文言をふくむものであったのだ。詳細は第4章に譲るが、ヘイトスピーチ解消法の定義に、この典型的なヘイトスピーチが明文で盛り込まれたことは非常に意義があった。

第二に、そうであるにもかかわらず、「国に帰れ」という典型的なヘイトスピーチは現行法では規制が難しい類型であった。これはすでに述べたところであるが、重要なポイントなので、再度説明しておく。

すなわち、害悪告知類型（「○○人を殺せ」「○○人は海に飛び込め」）を個人に向けたらどうなるか。たとえば、「○○さんは朝鮮人だから殺してやる」などと言ったら脅迫罪が成立することは疑いない。それに類する言動なら民事訴訟で賠償責任を負うだろう。

また、侮辱類型（「○○人はゴキブリだ」）を個人に向けた言動、「○○さんは、朝鮮人だからゴキブリだ」と言えば、前記のとおり賠償額が多いとは言えないかもしれないが、少なくとも名誉感情毀損として民事の賠償責任を負わせることはできる。なお、京都朝鮮学校襲撃事件の京都地裁の論理を使えば、ヘイトスピーチであって侮辱が成立すれば、人種差別撤廃条約を適用して高額賠償を認めさせることができるかもしれない。

他方、「排除類型」に該当する言動、たとえば、「朝鮮人は全部自分の国に帰れ、日本としても大めいわくだ」という言動はどうか。これは名誉毀損や名誉感情毀損には当たらないし、当たるとしても「ひとつの意見表明」として違法とされない可能性があった。

ヘイトスピーチ解消法がヘイトスピーチを定義したことにより、典型的なヘイトスピーチが名誉毀損や侮辱ではかならずしも違法化できないという問題点が浮かび上がったのである。

ヘイトスピーチ解消法のほかの規定

その他、ヘイトスピーチ解消法は、国と地方自治体がヘイトスピーチ解消の施策を講じる「責務」を負い(第4条)、相談体制の整備、教育の充実、啓発活動の充実に「努めなければならない」とした(第5条~第7条)。また、国民は、ヘイトスピーチのない社会の実現に寄与するよう「努めなければならない」とした(第3条)。

先に述べたとおり、ヘイトスピーチ解消法解消法の立法者は、ヘイトスピーチを「禁止する」意図はなかった。このため、ヘイトスピーチ解消法は、国民が、ヘイトスピーチのない社会の実現に寄与するよう「努めなければならない」と定めるにとどまる。そして、法律は、相談体制の整備や教育の充実、啓蒙活動によってヘイトスピーチが自然になくなっていくことを期待したのである。

教育や啓蒙の重要性を否定するつもりはない。しかし、世のなかには、教育も啓蒙も通用せず、確信的にヘイトスピーチをくり返す者もいるのである。そういう者らに対して、ヘイトスピーチ解消法は無力であった。いや、無力であるとわたしは思っていたのである。

4 ヘイトスピーチ解消法を利用した裁判例

ヘイトデモ差止仮処分にいたる経緯

第1章で述べたとおり、ヘイトスピーチ解消法成立後、初めてのヘイトデモは、2016年6

月5日に予定された。この年の5月15日ごろ、原告津崎尚道は、インターネットにて、「川崎発！日本浄化デモ第三弾」を実施すると予告した。デモの予告には、「今こそ、反日汚染の酷いからこそ【川崎を攻撃拠点】に、自国を貶め、嘘、捏造を垂れ流す日本の敵を駆逐しましょう！」などと記載されていた。これは、ヘイトスピーチ解消法の成立を見越し、同法施行後もヘイトデモが可能であることをアピールすることによって、法律制定の効果を減殺しようと狙ったのだと考える。

崔江以子さんは連日警察と交渉し、市議会議員らと話し合うなど、なんとかデモを止めようと考えた。その交渉の成果のひとつが、5月30日に、市議会議員全員の賛同のもと、川崎市議会が「川崎市におけるヘイトスピーチへの断固たる措置を求める要望書」を市長に提出したことだった。これを受けて、6月1日、川崎市長は、川崎市都市公園条例を根拠に、デモ隊が市内の公園を利用することを許可しない決定をした。市長は「川崎市は、違いを豊かさとして認め合いながら発展してきた多文化共生のまちであり、不当な差別的言動から市民の安全と尊厳を守る観点から判断した」とコメントしている。

他方、弁護団は、崔さんが勤務する「川崎ふれあい館」を申立て人として、ヘイトデモがふれあい館に近づくことを禁止する仮処分命令を5月27日、横浜地裁川崎支部に申し立てた。そして、6月2日、川崎支部は弁護団の申立てを認める決定をしたのである。

仮処分決定の内容

6月2日付川崎支部決定の主文を見よう。

「債務者は、債権者に対し、自ら別紙行為目録記載の行為をしてはならず、又は第三者をして同行為を行わせてはならない」

(別紙)

「債権者の主たる事務所(川崎市川崎区桜本1丁目9番6号)の入口から半径500m以内(別紙図面の円内)をデモをしたりあるいははいかいしたりし、その際に街宣車やスピーカーを使用したりあるいは大声を張り上げたりして、『死ね、殺せ。』、『半島に帰れ。』、『一匹残らずたたき出してやる。』、『真綿で首絞めてやる。』、『ゴキブリ朝鮮人は出て行け。』等の文言を用いて、在日韓国・朝鮮人及びその子孫らに対する差別的意識を助長し又は誘発する目的で公然とその生命、身体、名誉若しくは財産に危害を加える旨を告知し、又は名誉を毀損し、若しくは著しく侮辱するなどし、もって債権者の事業を妨害する一切の行為」

弁護団が驚いたのは、この決定主文では、ヘイトスピーチ解消法2条の文言が上手に利用されていたということである。同法の施行は6月3日、実に同法施行前日の出来事だった。

仮処分決定の論理

それだけではない。決定は、在日コリアンが差別を受けることなく生活することの大切さ、それを日本人が尊重することの重要さについて、次のとおり詳細に論述したのである。

「本件に関係する在日韓国・朝鮮人など、本邦の域外にある国若しくは地域の出身である者又はその子孫であって適法に本邦に居住するもの（以下「本邦外出身者」という。）が、専ら本邦の域外にある国又は地域の出身であることを理由として差別され、本邦の地域社会から排除されることのない権利は、本邦の地域社会内の生活の基盤である住居において平穏に生活し、人格を形成しつつ、自由に活動し、名誉、信用を獲得し、これを保持するのに必要となる基礎を成すものであり、上記の人格権を享有するための前提になるものとして、強く保護されるべきである。

殊に、我が国が批准する人権差別撤廃条約の前記の各規定及び憲法14条が人種などによる差別を禁止していること、さらに近年の社会情勢の必要に応じて差別的言動解消法が制定され、施行を迎えることに鑑みると、その保護は極めて重要であるというべきである。

また、本邦外出身者が抱く自らの民族や出身国・地域に係る感情、心情や信念は、それらの者の人格形成の礎を成し、個人の尊厳の最も根源的なものとなるのであって、本邦における他の者もこれを違法に侵害してはならず、相互にこれを尊重すべきものであると考える。」

わたしは、とりわけ日本の裁判所が、在日コリアンが自己の出自に対して抱く感情、心情を「人格形成の礎を成し、個人の尊厳の最も根源的なものとなる」とまで表現したことに驚くと同時に感動した。これは「人間の尊厳」というものが自己のアイデンティティの基礎となる出身地などと切り離して存在できないこと、それは相互に尊重すべきものであることを述べたものであって、裁判史に残すべき重要な一文だと思っている。

さらに決定はすごいことを述べている。

「そこで、専ら本邦外出身者に対する差別的意識を助長し又は誘発する目的で、公然とその生命、身体、自由、名誉若しくは財産に危害を加える旨を告知し、又は本邦外出身者の名誉を毀損し、若しくは著しく侮辱するなどして、本邦の域外にある国又は地域の出身であることを理由に本邦外出身者を地域社会から排除することを煽動する、差別的言動解消法2条に該当する差別的言動は、上記の住居において平穏に生活する人格権に対する違法な侵害行為に当たるものとして不法行為を構成すると解される。」

これはなにを言っているかというと、ヘイトスピーチ解消法第2条に該当する「不当な差別的言動」(＝ヘイトスピーチ)は、それ自体、不法行為だということである。

先に紹介したとおり、京都朝鮮学校襲撃事件に関する2013年京都地裁判決は、「人種差別発言が行われた場合に、個人に具体的な損害が生じていないにもかかわらず、人種差別行為がされたというだけで、裁判所が、当該行為を民法709条の不法行為に該当するものと解釈し、行為者に対し、一定の集団に属する者への賠償金の支払を命じるようなことは、不法行為に関する民法の解釈を逸脱しているといわざるを得ず、新たな立法なしに行うことはできない」と述べていた。これによればヘイトスピーチそのものは不法行為でないとされていたのである。これに対して川崎支部決定は、ヘイトスピーチ解消法の制定の機運を受けて、同法第2条に該当するヘイトスピーチは、「人格権に対する違法な侵害行為に当たるものとして不法行為を構成する」と述べたのである。わたしは望外の成果に驚いてしまった。さらに決定は言う。

「しかるところ、その被侵害権利である人格権は、憲法及び法律によって保障されて保護される強固な権利であり、他方、その侵害行為である差別的言動は、上記のとおり、故意又は重大な過失によって人格権を侵害するものであり、かつ、専ら本邦外出身者に対する差別的意識を助長し又は誘発する目的で、公然とその生命、身体、自由、名誉若しくは財産に危害を加える旨を告知し、又は本邦外出身者の名誉を毀損し、若しくは著しく侮辱するものであることに加え、街宣車やスピーカーの使用等の上記の行為の態様も併せて考慮すれば、その違法性は顕著であるといえるものであり、もはや憲法の定める集会や表現の自由の保障の範囲外であることは明らかであって、私法上も権利の濫用といえるものである。これらのことに加え、この人格権の侵害に対する事後的な権利の回復は著しく困難であることを考慮すると、その事前の差止めは許容されると解するのが相当であり、人格権に基づく妨害予防請求権も肯定される。」

要するに、川崎支部決定は、ヘイトスピーチそのものが不法行為であると断じ、しかも、川崎で予定されたヘイトデモはその態様からして「もはや憲法の定める集会や表現の自由の保障の範囲外であることは明らかであって、私法上も権利の濫用といえる」と断じきったのである。

仮処分決定の成果

わたしは記者会見で仮処分決定について「画期的」「歴史的」と述べた。決定は「朝日新聞」2016年6月3日付のトップ記事となった。

実際にはデモは公園使用不許可という市長の決定によって桜本での実施は不可能にはなっていた。それでも仮処分決定が、ヘイトスピーチはそれ自体違法であること、川崎のヘイトデモは「憲法の定める集会や表現の自由の保障の範囲外であることは明らかであって、私法上も権利の濫用といえる」と判断したことに大きな意味があったと思う。以後、この決定は川崎の運動の礎になり、また、多くの裁判で援用された。

この決定は、「ヘイトスピーチそのものが違法である」という新しい法理の萌芽となった。それは京都地裁2013年判決を乗り越える新たな判例法理の先駆けであった。

第1章にあるように、川崎中部の武蔵小杉に場所を変更して強行されたヘイトデモは、最終的には、市民の力によって中止に追い込まれた。市民を勇気づけ運動を後押ししたのは、川崎支部決定だったと、今も思っている。

ヘイトスピーチ解消法の定義を使用した別の裁判例

川崎支部決定は、ヘイトスピーチ解消法第2条の定義を使って、ヘイトデモ隊の発言を「それは「ヘイトスピーチだ」と認定したことにも大きな意味があった。これまで「ヘイトスピーチは定義がない」と言われ、それがヘイトスピーチを規制できない大きな理由とされてきたのであるが、解消法がヘイトスピーチを「不当な差別的言動」として上手く定義したおかげで、裁判所も「これはヘイトスピーチだよ」と認定してくれるようになったのである。

解消法を上手に利用したこの時期の裁判例として、在特会会長・桜井誠が参議院議員（当時）有田芳生さんを名誉毀損で訴えた事案の判決がある。問題となったツイッター上の投稿は、有田さんの「自称桜井誠＝高田誠の存在がヘイトスピーチ＝差別扇動そのものです」「差別に寄生して生活を営んでいるのですから論外です」というものだった。弁護団は、これまで在特会や桜井氏がしてきたヘイトスピーチの数々を法廷で立証した。

東京地裁２０１７年９月26日判決は、桜井氏や在特会の言動の数々を認定したあと、「在特会の言動及び原告の言動は、その態様に照らし、差別的言動解消法2条にいう本邦外出身者に対する不当な差別的言動に該当するものと認められ、また、本件ツイートが投稿される契機となった本件デモの際にも、（中略）同様に上記差別的言動に該当する言動が含まれていたものと認められる」と認定した。桜井氏は、有田さんを訴えることによって、かえって自己のかつての言動が「ヘイトスピーチ」だと認定されてしまったのである。これもヘイトスピーチ解消法があったおかげである。

5　中根寧生さん事件

裁判にいたる経緯

川崎におけるヘイトデモ阻止の運動は2016年6月ついにデモそのものを中止に追い込むという成果をあげた。その後、散発的なデモはあったものの、2017年7月を最後に川崎におけるヘイトデモは終息していった。

この大きな成果には、しかし副作用もあった。運動の中心にあった崔江以子さんと、その息子さんである中根寧生さんが、インターネットの激しいヘイトスピーチの攻撃対象となったのである。現在の日本でヘイトスピーチがもっとも激しい場所はインターネットである。路上のたたかいに敗れたレイシストたちは、自分たちの〝ホームグランド〟で反撃に出たわけだ。

たとえば、アメーバブログで「写楽」と題するブログは、寧生さんを名指しして次のように書いた。

「如何にもバカ丸出しで、面構えももろチョーセン人面」

「人獣共通『コリネバクテリウム・ウルセランス感染症』で国内初の死、、のコリア・バクテリウムみたいなもの」

「言わば、悪性外来寄生生物種、、私は『チョーセン・ヒトモドキ』と呼んでいます」

「見た目も中身ももろ醜いチョーセン人!!!」
「成形《ママ》その他で見た目を誤魔化し名前なども成り済ます習性が極めて強い性質は攻撃的かつ狂暴で人類との協調性・人間社会モラールなどの持ち合わせ無し」
「おまエラ不逞朝鮮人は 見た目チョン 脳みそもチョン 全てがチョン」

わたしたち弁護団は、発信者情報開示制度を利用して犯人を特定、2018年7月9日、神奈川県警川崎警察署に対し、侮辱罪で刑事告訴。川崎区検察庁は、同年12月20日、「写楽」の筆者を略式起訴処分とした。

当時、侮辱罪の法定刑は「拘留又は科料」であり、1万円未満の科料で終わりというケースがほとんどであった(2022年7月より「1年以下の懲役若しくは禁錮若しくは30万円以下の罰金又は拘留若しくは科料」に引き上げ)。実際「写楽」も9900円あまりの科料であった。寧生さんは、そんな軽い刑でこの問題を済ませてはいけないと考え、民事裁判に踏みきった。

弁護団に迷いはあった。すでに書いたとおり、ヘイトスピーチは現行法で違法とする直接の法文がなかったからである。この事件の訴状は、名誉毀損、侮辱など、現行法の条文を思いつくかぎり並べるようなものになっている。

横浜地方裁判所川崎支部判決(2020年)

横浜地裁川崎支部2020年5月26日判決は、寧生さんの事案に関し、以下のとおり述べて被告に金77万円の賠償を命じた。

「本邦外出身者が抱く自らの民族や出身国等に係る感情や信念等は、それらの者の人格形成の礎を成し、個人の尊厳の最も根源的なものとなるのであり、本邦における他の者もこれを違法に侵害してはならず、相互に尊重すべきものである。そして、本邦外出身者に対し、憎悪・差別の意識を煽る目的をもって、本邦外出身者であることを理由に著しく侮辱し、日本の地域社会から排除することを扇動するような言動は、憲法13条に由来する、住居において平穏に生活する権利、自由に活動する権利、名誉、信用を保有する権利等の人格権を共有するための前提として強く保護されるべき、本邦外出身者が専ら本邦の域外にある国又は地域の出身であることを理由として差別され、本邦の地域社会から排除されることのない権利のみならず、上記の本邦外出身者がそれぞれ有する自らの出身国等の属性に関して有する名誉感情を著しく害することになる。そうすると、上述のとおり、憲法14条1項、差別的言動解消法及び人種差別撤廃条約の趣旨及び内容に反する人種差別に該当する内容の本件各記載は、上記の住居において平穏に生活する権利等の人格権に対する違法な侵害行為にあたる」

とても読みにくい判決だが、重要なことを言っている。この判決は、先に述べた川崎支部決定を継承してヘイトスピーチが人格権侵害に当たることを認定した。それだけでなく、侵害された人格権の具体的内容として、

①本邦外出身者であることを理由として地域社会から排除されないこと

②出身国等の属性に関する名誉感情等個人の尊厳を害されることがないこと

③住居において平穏に生活する権利
の3つをあげたのである。

この判旨は2021年5月12日の東京高等裁判所判決で維持された。加えて、東京高裁は慰謝料額を金100万円に増額し、合計130万円の賠償命令を下した。まさに圧勝であった。

寧生さん判決の成果

すでに述べたとおり、ヘイトスピーチ解消法がない時代、画期的だった京都地裁2013年判決は、しかし、人種差別がおこなわれただけでは不法行為とは言えないと述べていた。

しかしながら、ヘイトスピーチ解消法が成立し、ヘイトスピーチそのものが違法だとする仮処分決定が出た。そして、それを前提に、ヘイトスピーチそのものが人格権侵害だと認定し、その侵害の内容として、具体的に、①本邦外出身者であることを理由として地域社会から排除されないこと、②出身国などの属性に関する名誉感情等個人の尊厳を害されることがないこと、③住居において平穏に生活する権利の3つをあげたのが寧生さんの事件の判決であった。

6　崔江以子さん事件の判決にいたるまでの経緯

崔さんの受けたヘイトスピーチ

先に述べたとおり、2016年6月、川崎の運動はヘイトデモを中止に追い込むという大きな成果をあげていたが、運動の中心にいた崔江以子さんは、このころからインターネット上で激しいヘイトスピーチの集中砲火を浴びていた。

アメーバブログに「ハゲタカ鷲津政彦のブログ『愛する日本を取り戻す!!』」というブログがあった。プロフィール欄には、「日本国が好きな、ハゲタカ鷲津政彦です」「シナや韓国やロシア、北朝鮮に脅威を感じています」「日本国内にいる反日サヨク勢力にも、脅威を感じています」「日本国を貶め、外国に売り渡すような連中とは、徹底的に闘います」などと書かれていた。

この人物（仮に「ハゲタカ」と呼ぼう）は、2016年6月14日、ブログに、「【川崎デモ】崔江以子、お前何様のつもりだ!!」とのタイトルで記事を投稿した。記事には次の記載があった。

「なにが、『外国人（在日コリアン）が住みよい社会になってこそ、日本人も暮らしやすくなる』だ！日本国は我々日本人のものであり、お前らのものじゃない！『外国人（在日コリアン）が住みよい社会』なんて、まっぴらごめんだし、そんな社会は作らせない。思い上がるのもいい加減にしろ、日本国に仇なす敵国人め。さっさと祖国へ帰れ」

ここには「外国人（在日コリアン）が住みよい社会になってこそ、日本人も暮らしやすくなる」との、崔さんがインタビューでした発言が引用されている。ハゲタカは崔さんの発言に反発してヘイトスピーチをしてきたのである。「さっさと祖国に帰れ」は日本人がくり返してきた、典型的なヘイトスピーチであった。

提訴への経緯

崔さんは、２０１６年9月16日、法務局に対して人権侵犯被害を申し立てた。法務局はこの投稿を人権侵犯事実にあたると判断し、同月27日、アメーバブログを管理する株式会社サイバーエージェントに対し、削除を要請した。その要請を受け、同社は、同日、この投稿を削除したのである。

ところが、崔さんの苦しみは終わらなかった。ハゲタカは、２０１６年10月30日、「以前書いたブログ記事の削除で考えたこと」と題する記事を投稿したのである。ここにはこうあった。

「以前書いたブログの記事が、アメブロの運営によって消されてしまいました」「また消されてしまうと色々と面倒なので、実名は避けてこの記事の在日コリアン3世の方を『Cさん』とします。」「なんだか、『自分たちはこんなに日本人から差別されているのです』という『差別の被害者』に『能動的』になろうとしているとしか思えない気がします。だから、ネット上で『差別の当たり屋』とか『被害者ビジネス』と言われてしまうのであろうと思います。」

その後、ハゲタカは、2016年10月30日から2020年10月31日まで、実に4年間にわたり、アメーバブログやツイッター上で、崔さんに対して、「差別の当たり屋」「被害者ビジネス」との誹謗中傷をくり返したのである。

弁護団は2020年12月21日、発信者情報開示仮処分命令申立をし、2021年1月13日に開示を命じる仮処分決定を得た。同月24日、株式会社サイバーエージェントからIPアドレスが開示されたため、弁護団は、同年3月16日付でNTTコミュニケーションズ株式会社を被告として東京地方裁判所に対し発信者情報開示請求訴訟を提起し、同年6月17日、勝訴判決を得た。そして、同年8月13日、開示された情報をもとに犯人の住所を割り出した。

崔さんに迷いもあっただろう。しかし、子どもたちの世代に差別のない社会を手渡すため、ハゲタカを被告として、2022年1月18日、横浜地裁川崎支部に損害賠償請求訴訟を提起した。[*9]

弁護団の活動

今回は弁護団に迷いはなかった。「差別の当たり屋」「被害者ビジネス」との投稿については、「名誉毀損」「侮辱」の法律構成を立てた。他方、「さっさと祖国に帰れ」という文言については、ヘイトスピーチ解消法第2条の「不当な差別的言動」に当たる、それゆえ人格権侵害である、との論理で賠償を認めるよう、裁判所に求めた。

すでに述べたとおり、「祖国に帰れ」という文言は、典型的なヘイトスピーチでありながら、これを直接違法とする法的根拠が乏しい。「祖国に帰ってほしい」という意見の表明と解釈されがちである。しかし、弁護団は、そうであるからこそ、この文言を「不当な差別的言動」として違法化する必要性が高いと感じていた。

そこで、弁護団はヘイトスピーチ解消法の立証趣旨などを詳細に述べ、同第2条の「不当な差別的言動」に「排除類型」「害悪告知類型」「侮辱類型」があること、「祖国に帰れ」という文言は「排除類型」の典型であることを論証した。また、弁護団は、立命館大学社会学部教授で歴史学者の板垣竜太先生にお願いし、「祖国に帰れ」という文言が歴史的にいかに在日コリアンの人々を苦しめてきたのか、それゆえいかに強く違法化が求められる類型であるのか、詳細に論じる意見書の作成をお願いした。板垣先生は、20歳代から80歳代まで実に49人もの在日コリアンの方々にアンケート調査を実施し、その分析結果をもとに重厚な意見書を作成してくださった。この意見書から「祖国に帰れ」というヘイトスピーチの暴力性がくっきりと浮かび上がった（本書第4章を参照のこと）。

ヘイトスピーチの被害は従来の名誉毀損や侮辱の枠組みのなかでは捉えきれない。そこで、ヘイトスピーチの違法化に際しては、ヘイトスピーチが被害者のいかなる権利を侵害するものなのか、特定する必要がある。差別禁止法のない日本でヘイトスピーチと闘う際にはどうしても必要な作業だ。わたしたちは龍谷大学法学部教授の若林三奈先生にお願いして、ヘイトスピーチが侵害する法的利益を論証していただいた。先生の意見書は次のように述べていた。

「本件差別的言動から保護されるべき権利・利益の核心は、社会において差別されることなく

（人格の対等平等性の保障であり、人間の尊厳の保障）、平穏に（人並みの）生活ができること（人生のあらゆる場面における自由意思に基づく人格の自由な発展の保障であり、個人の尊厳の保障）にある。人格の対等平等性の保障は、私法上の大前提であり、社会生活を送る上での不可欠の条件である。これが侵害された場合には、一般的かつ包括的な人格権（一般的人格権）それ自体を侵害する固有の不法行為と理解することが、続く効果論における損害評価との関係でも適切である。合理的な理由なく人格の対等平等性を公然と否定する差別的言動は、本質的に絶対的な違法性（不法行為該当性）をもつのであって固有の不法行為となる。」

そのほか、弁護団では、在日コリアンの方々に、それぞれ「祖国に帰れ」という文言がどれだけ在日コリアンを苦しめてきたのか、その体験を綴っていただき、証拠提出した。

そして、この裁判のクライマックスは崔さん自身の証言であった。崔さんは法廷でかつて民族名を名乗らなかったこと、自身のアイデンティティを守って生きようと決めたこと、共生のまち川崎の価値、特に川崎の子どもたちの笑顔を守るため、ヘイトデモと闘った経緯などを証言した（第6章を参照のこと）。裁判官はこの証言に心を打たれたにちがいない。そのことが画期的判決につながっていくのである。

「全国部落調査」復刻版事件に関する東京高等裁判所判決

結審が近い2023年6月28日、東京高裁で重要な判決があった。『全国部落調査』復刻版の差し止めと、違法な差別行為として損害賠償を求めた出版裁判の控訴審判決である。この判決で、裁判所は、憲法13条の幸福追求権、14条1項の平等権の趣旨をふまえ『全国部落調査』復刻版は「人は誰しも、不当な差別を受けることなく、人間としての尊厳を保ちつつ平穏な生活を送る人格的な利益」を侵害するとした。[*10]

在日コリアンについて「差別を受けない権利」の確立をめざす崔さんの判決にとっても追い風になる判決であった。

判決

横浜地裁川崎支部は、2023年10月12日、「祖国に帰れ」との文言は不当な差別的言動に当たること、「差別の当たり屋」「被害者ビジネス」との誹謗中傷は侮辱に当たることを認め、前者に100万、後者に70万円の慰謝料を認めたうえで、弁護士費用等を合わせ総額194万円の賠償の支払いを命じる判決を下した。「祖国に帰れ」との文言を違法と認めた部分の認定は以下のとおりである。

「憲法13条に由来する人格権、すなわち、本邦外出身者であることを理由として地域社会から排除され、また出身国等の属性に関する名誉感情等個人の尊厳を害されることなく、住居において平穏に生活する権利は、本邦外出身者について、日本国民と同様に享受されるべきものである。そうすると、本件記述1の記載は、本邦外出身者である原告について、地域社会から排除することを煽動する不当な差別的言動であるから、住居において平穏に生活する権利等も人格権に対する違法な権利侵害に当たり、本件投稿1の投稿は不法行為を構成する。」

先に見た寗生さんの判決と同様、ヘイトスピーチそのものが人格権侵害だと認定し、その侵害の内容として、①本邦外出身者であることを理由として地域社会から排除されない権利、②出身国等の属性に関する名誉感情等個人の尊厳を害されることがない権利、③住居において平穏に生活する権利の3つをあげていることがより明確になった。

7 崔江以子さん事件判決で勝ちとったもの

すでに本判決の成果は明らかだが、あらためて整理すれば、以下のとおりである。

「帰れ」という発言をヘイトスピーチとして違法化したこと

まず第一に、「帰れ」という発言そのものを「ヘイトスピーチ（＝「不当な差別的言動」）」として違法化したことである。

くり返し述べるとおり、「ヘイトスピーチ」を「排除類型」、「害悪告知類型」、「侮辱類型」に分類してみたとき、「帰れ」という排除類型こそヘイトスピーチの典型であった。このことは、ヘイトスピーチ解消法制定時の国会で与党の矢倉議員が述べていたことや、『指紋押捺拒否者への脅迫状を読む』（明石書店）に掲載された61通の脅迫状のうち、42通までが「帰れ」またはそれに類する文言をふくむものであったことからもわかる。

ところが、「侮辱類型」は「侮辱罪」（刑事）や「名誉感情侵害」（民事）で、また、「害悪告知類型」は「脅迫罪」（刑事）や平穏生活権侵害（民事）で捕捉できるのに対し、「排除類型」を現行法で捕捉するのはたやすくなかった。ひとつの意見なり見解の表明として見られがちだったからである。本判決は、これを「不当な差別的言動である」として正面から認定し、違法化した。「祖国に帰れ」が違法化されたことはとても重要なことである。在日コリアンの方々のお話を伺うと、子ども時代に「朝鮮人、国に帰れ」といじめられた話がかならず出てくる。今後はそういう発言は許されない。そう言われたら、「それって違法だよ」と言い返すことができる。わたしたち日本人マジョリティも子どもたちにそう教えなければならない。この判決が日本社会に送るメッセージは、日本に居住する外国籍の市民に「祖国に帰れ」などという権利は誰にもない、ということだ。だから、海外にルーツをもつすべての人々は自信をもって暮らしてほしい。裁判所がそのことを認めたのだから。

判決後、多くの在日コリアンの人々が判決を喜んでくれた。「祖国に帰れ」がヘイトスピーチであることは、在日の多くの方々が知っていた。その声がようやく裁判所に届いたのである。

ヘイトスピーチそのものを違法化したこと

上記とも関連するが、第二の成果として、名誉毀損や侮辱といった従来の枠組みにとらわれず、ヘイトスピーチそのものを違法化したことである。

京都地裁2013年判決は、ヘイトスピーチ解消法がない時代の判決であった。それゆえ、京都地裁は、人種差別があっただけでは不法行為であるとは言えず、その点は賠償額の算定において考慮されると述べていた。その後のいくつかの判決はこのロジックを踏襲していた。

本判決は、ヘイトスピーチにヘイトスピーチ解消法を正面から適用し、ヘイトスピーチであるがゆえに違法だと述べた。これにより従来の枠組みではかならずしも捉えることが容易ではない「排除類型」のヘイトスピーチも容易に違法化できることになる。

それ以上に「名誉毀損」とも「侮辱」とも異なる「差別による被害」を正面から論じることができることになった。ヘイトスピーチは差別であって、これを「名誉毀損」や「侮辱」に押し込めることには限界がある。本判決は、ヘイトスピーチによる被害を、①本邦外出身者であることを理由として地域社会から排除されない権利、②出身国等の属性に関する名誉感情等個人の尊厳を害されることがない権利、③住居において平穏に生活する権利の3つの権利の侵害だと認定した。これは本質をつかんだ認定であった。

そして、ヘイトスピーチであるがゆえに違法であると判断したことは、従来理念法にすぎないとされたヘイトスピーチ解消法に実質的効果をもたせることになった。本判決はヘイトスピーチ解消法に命を吹き込んだのである。崔さんはヘイトスピーチ解消法成立の立役者のひとりであった。ヘイトスピーチ解消法の立役者が裁判のなかで、この法律に命を吹き込んだのは意義深い。

慰謝料の高額化

最後に、「祖国に帰れ」というひとつの投稿で100万円、ほかの投稿などと合わせて合計194万円の高額な賠償を認めさせたことも大きな成果であった。従来この種の事案は、「侮辱」(=名誉感情毀損)と捉えられることが多く、慰謝料は5万~10万ととても低かった。抑止力がとても弱く、裁判を起こす側の負担が大きすぎて、真の解決にはならないことが多かった。

これに対して194万円(実際には利息が膨らみ240万円ばかりになっていた)という金額は、インターネット上でヘイトスピーチを続けるレイシストたちを思いとどまらせるに十分な金額であった。裁判官は崔さんの証言を法廷で聞いてなにかを感じてくれたにちがいない。

判決は人が書くものである。そして、その人とは「心」のある存在であり、「心」を揺さぶらなければよい判決は生まれない。

差別禁止法、次のステップへ

本判決後も、未だヘイトスピーチの害悪を理解せず、ヘイトスピーチの違法化を正面からは認めない判決も多い。民事裁判で判決を積み重ねていくのは当事者にとって苦痛が大きいし、時間もかかる。ヘイトスピーチの違法化を勝ちとった判決から見えてくるものは現行法の欠陥である。現行法の欠陥とは、端的に人種差別を違法化する法律がないことである。崔さんのような苦労をせずに差別そのものを違法化できること。それはすなわち人種差別禁止法の制定である。

京都地裁判決から本判決につながる一連の努力の積み重ねは、人種差別の違法化に向けたステップであり、最後は人種差別を明文で禁止する人種禁止法制定につながっていくことを望む。

【注】

＊1　最判1981年3月24日民集35巻2号300頁。

＊2　札幌地裁2002年11月11日判決（判例時報1806号84頁9頁）。

＊3　東京地裁1995年3月23日判決（判例時報1531号53頁）。

＊4　芦部信喜『憲法　第八版』岩波書店、2023年、120ページ。

＊5　最大判1986年6月11日民集40巻4号872頁。

＊6　魚住裕一郎ほか監修『ヘイトスピーチ解消法　成立の経緯と基本的な考え方』第一法規、2016年、3ページ。

＊7　発議者・矢倉克夫理事。第190回国会参議院法務委員会会議録第8号（2016年4月19日）3ページ。

＊8　法務省岡村和美人権擁護局長。第190回参議院法務委員会会議事録第6号（2016年4月5日）7ページ。

＊9　「祖国に帰れは差別」裁判は次のような経過をたどった。
2022年4月21日第1回期日（訴状陳述）、同年6月16日第2回期日、同年9月8日第3回期日、同年12月8日第4回期日、2023年2月9日第5回期日、同年5月18日第6回期日（本人尋問）、同年7月20日第7回期日（最終意見陳述）、同年10月12日第8回期日（判決）。

＊10　東京高等裁判所2022年（ネ）1893号等各損害賠償等控訴事件。

第4章

在日朝鮮人にとっての「帰れ」ヘイト

崔江以子さんを中心に入廷する神原元弁護士ら弁護団と支援者たち（写真提供：石橋学）

板垣竜太

はじめに

在日朝鮮人[*1]に対して向けられた「（朝鮮へ）帰れ」「（日本から）出て行け」という言辞は、歴史的にくり返され、そして残念ながら現在もなお消え去らない典型的なヘイトスピーチである。わたしのように朝鮮史に関わってきた者にとって、これはほぼ自明のことである。しかしながら、本件裁判に関連してこのことを意見書としてまとめることを依頼され、いざ「帰れ」がなぜヘイトなのかをあらためて説明しようとしたとき、これがさほど容易でないことに気づかされた。あからさまに「汚い」ことばでも、危害を予告するようなことばでもないため、このことばがどのような害悪をもたらすのか、直感的に分からないマジョリティは少なくない。国内外の「権威」ある研究などがあれば、それを説得材料として利用する戦略をとれたかもしれないが、この主題を正面から扱ったものはほぼなかった。

そこでわたしは意見書をまとめるにあたって、「帰れ」がいかに人を傷つけることばなのか、それが社会的・歴史的にどのような広がりをもつ問題なのかを客観化して示すことに主眼をおいた。そのためにわたしは、まず「帰れ」発言による被害経験のある在日朝鮮人（20歳代から80歳代の49名）を対象にオンラインの記述式アンケートを実施した。また、過去のさまざまな文献資料から「帰れ」をめぐる記述を抽出した。そうやって事実の重みをもって論証することに注力したのである。

本章は、2022年11月に横浜地裁川崎支部に提出した意見書を縮約し、より読みやすくしたものである。[*2] まず、歴史的な観点から「帰れ」発言がいかに不当なものかを論証する。次に加害の論理、すなわち「帰れ」ヘイトの言説分析をおこなう。そのうえで「帰れ」ヘイトの被害経験について、さまざまなことばを引用しながら述べる。

1 「帰れ」発言の不当性

一般論で言っても、移転居住の自由の観点からすれば、そもそも誰かに「帰れ」などと自らの意に反して居住地の移動を強要されるいわれはない。にもかかわらず在日朝鮮人に対して日本人から「帰れ」発言がおこなわれてしまうのは、多くの場合、在日朝鮮人の歴史と現状に対する無理解や誤解または悪意ある曲解に起因する。そこで「帰れ」発言の差別性を理解するために、まず日本と朝鮮（戦前の朝鮮および戦後の南北朝鮮）、日本人と在日朝鮮人の関係のなかで、このことばのもちうる機能について知る必要がある。

歴史的に見た「帰れ」発言の理不尽さ

まず、「帰れ」発言者が在日朝鮮人に「帰る国」があると一方的に想定するのは、在日朝鮮人が外国籍を有しているからであろう。しかし、日本の旧植民地だった朝鮮（台湾も同様）の出身者およびその子孫で、現在も日本に住んで外国籍を有する者は、他の外国籍者とはその在留の経緯と法的地位が異なる。*3 在日朝鮮人の多くは現在、特別永住者の在留資格をもつ。特別永住者とは、いわゆるサンフランシスコ講和条約の発効（1952年）にともない、本人の意思にかかわらず一律に日本国籍を離脱したことにされた者およびその子孫で、ひきつづき日本に在留する人々のことを言う。在日朝鮮人は、1945年までは大日本帝国の臣民として皇民化の対象とされ、戦後の過渡期を経て、対日講和後には国籍条項のあるさまざまな権利から明確に除外された（後述）。日本の国籍法は血統主義なので、在日何世であろうが、日本国籍を取得しようとするならば、生計や素行などさまざまな面で「善良な日本人」になることを自ら証明する膨大な書類を用意し、帰化申請をして法務大臣の許可を得る必要がある。「日本国民」「日本人」「日本民族」が分かちがたく結びついてしまっている日本で、植民地支配から脱した民族が、あらためて「日本人」になるために努力しなければならないという現実を前にして、多くの在日朝鮮人が「帰化」をすることなく外国籍を維持してきた。「帰れ」発言のようなあからさまなヘイトから、「日本語お上手ですね」という善意のマイクロアグレッションまで、その基礎にあるのは外国籍の在日朝鮮に対する無理解である。

「帰れ」発言の理不尽さは、法的地位だけではなく、その歴史的経緯にも起因する。そもそも朝鮮人が「自由」に日本（内地）へと渡航してきたわけではない。強制動員がおこなわれた戦時期は言うまでもなく、それ以前より、朝鮮総督府等の渡航管理制度のなかで、日本の資本主義や国策に必要な範囲で導入されたものだった。そうであっても在日朝鮮人は、一世の時代から、「帰れるものなら帰りたい」という思いと、実際に帰るのは困難だという現実とのあいだで引き裂かれてきた。日本の植民地支配下での朝鮮農村の階級格差および困窮者の拡大（農村過剰人口）、朝鮮の都市における労働市場の圧倒的な不足（過剰都市化）のなかで、故郷で生活基盤を失って日本（内地）に渡航を余儀なくされた者がほとんどだった。[*4] たとえば1935年の京都市調査でも、市内在住の朝鮮人の79・4％が生活困難などの経済的理由で渡航しており、永住の意思があると答えた世帯は88・1％にのぼっていた。[*5] それだけすでに故郷へ帰ること自体が現実的に容易でなかったということである。

一方、「帰れるものなら帰りたい」という思いは、敗戦後のある調査に表れている。1946年2月、GHQは3月までに帰還希望の有無を登録しなければ、引揚の特権を失うと発表した。それに応じて64万6711名の朝鮮人のうち、51万3900名（79・5％）が帰還希望者として登録した。[*6] 純粋な意向調査ではないが、帰るという選択肢を捨てずに残しておこうという在日朝鮮人が8割いたということは銘記すべきことである。しかし、実際に登録したとおりに帰還が進むことはなかった。もともと故郷の基盤を失って渡航してきたという経緯にくわえ、南北朝鮮の分断、政情不安定、持ち帰り財産の制限など、結果的にさまざまな情勢と事情のなかで日本に残留し定住していくことになった。

その後、二世以下の世代が在日朝鮮人社会の中心を担うようになっていった。つまり「祖国」は朝鮮半島にあっても、故国（自分の生まれた国）は日本という在日朝鮮人が現役世代の中心を占めるようになった。[*7] そうしたなかで、朝鮮半島に「帰る」という選択肢を現実的なものとして考える人々は少数となっていった。たとえば１９８４年に神奈川県在住の韓国・朝鮮籍および中国籍の外国籍者に対して実施された実態調査によれば、将来の希望で「できれば祖国へ帰りたい」と回答したのは全体の４・７％であり、60歳以上でも７・０％だった。[*8] 以上の経緯からすれば、今日、在日朝鮮人に「帰れ」と言うことが、いかに歴史的な経緯と経験を踏まえない理不尽なことばであるかが理解されよう。

偏見と植民地主義

次に日本社会側の問題を考察してみよう。「帰れ」発言を実際に在日朝鮮人に投げつける者は日本人のごく一部に過ぎないにしても、それが世代や地域をこえて受け継がれているのは、その源泉にある認識が日本社会でそれだけ広まっていることを意味している。

そのことを示す資料として１９６０年代半ばにおこなわれた「日本人の人種態度」調査の結果を示したい（**表**[*9]）。この調査は、「あなたは……人が〇〇することに、賛成ですか、反対ですか、どちらでもないですか」といった質問を複数おこなった。「……人」の部分には、「イギリス人」

表　「日本人の人種態度」調査の結果

		Q4 日本に住む	Q6 隣りに住む	Q7 日本に帰化
イギリス人	反対	5.9%	5.9%	13.7%
	賛成	33.0%	33.3%	28.5%
フランス人	反対	3.3%	3.3%	8.5%
	賛成	33.3%	37.5%	29.2%
アメリカ人	反対	7.8%	7.8%	13.0%
	賛成	38.5%	32.3%	27.8%
インド人	反対	9.7%	13.0%	13.3%
	賛成	26.3%	21.5%	21.1%
ロシア人	反対	17.4%	16.7%	22.2%
	賛成	20.7%	17.1%	18.5%
中国民族	反対	15.2%	17.4%	21.9%
	賛成	28.5%	21.5%	24.4%
フィリピン人	反対	11.4%	10.0%	16.3%
	賛成	20.7%	15.6%	15.6%
朝鮮民族	反対	31.1%	34.4%	31.9%
	賛成	19.2%	14.4%	18.5%

（出所）我妻洋・米山俊直『偏見の構造——日本人の人種観』日本放送出版協会、1967年、115-140ページ。

「朝鮮民族」などの15集団の名称が入っているが、ここでは8集団のみ結果を抜き出した。「○○」の部分も「距離度」を測るためのさまざまなことばが入るが、ここではQ4「日本に住むこと」、Q6「あなたの隣りに住むこと」、Q7「日本に帰化して日本国民となること」の3つに限って抽出した。いずれの質問においても、拒否度（「反対」の割合）がもっとも高いのは朝鮮民族であり、それぞれ3割を超えている。このうち、Q4「日本に住む」ことに「反対」と回答した31・1%が、潜在的には「帰れ」と考えている人々ということになる。このころ日本に実際に住んでいる外国籍者の9割近くが韓国・朝鮮籍だったが、[*10]現実的にもっとも出会う可能性の高い人々の存在に対してもっとも否定的な結果が出たわけである。

この結果は、在日朝鮮人の存在が日本の植民地支配の帰結であるという事実を外してはけっして理解できない。つまり「帰れ」言説は、外国人一般に対する攻撃のことばというよりは、植民地支配下で形成された非対称な関係性が、戦後にも国籍問題へと姿形を変えながら存続し、その具体的な言語表現のひとつとして出てきたものと考えられるのである。

「帰れ」を助長する日本政府

こうした一般の日本人の態度が、戦後の日本政府（1952年までは占領当局であるGHQもふくむ）の在日朝鮮人政策とも連動していることも、ここでしっかりと確認しておく必要がある。[*11] 戦後、GHQは朝鮮人を「解放民族」と位置づけつつも、必要に応じて「敵国民」と扱う方針を出し、帰還を奨励するとともに、再渡日を「密入国」として取り締まり、戻ってこられないようにした。1947年に日本政府は、朝鮮人・台湾人を「外国人とみなす」として登録義務を負わせ、退去強制もふくむ厳しい管理下に置く外国人登録令を、議会を通さない勅令として制定した。1949年には、最大の朝鮮人団体であった在日本朝鮮人連盟を団体等規正令によって解散させ、各地の朝鮮人学校も閉鎖に追い込んだ。1950年に朝鮮戦争が勃発すると、入管体制の整備を一挙に進め、出入国管理令（1951年）と指紋押捺制度をふくむ外国人登録法（1952年）を制定した。このときの入管令の退去強制事由には、外国人登録令時代の事由に加え、「精神障害者」として施設に収容されている者、「貧困者、放浪者、身体障害者」で公的保護などを受けている者などまでふくめていた。入管令・外登法が、「米国の反共主義と日本の民族排外主義の最悪の部分を結合した、醜悪な雑種的産物」とも表現されるゆえんである。[*12]

日本政府の強硬な態度はその後も受け継がれた。たとえば1965年に入国管理局参事官を務めていた検事・池上努が『法的地位200の質問』という冊子を出している。[*13] これは、外国人に対する一般論として、「煮て食おうと焼いて食おうと自由」であり、「日本政府の全く自由裁量に属する」と明言したことで悪名高い文献だが、他にも日本の法務当局の考え方が露骨に示されている。たとえば障害者や貧困者まで退去強制の対象にすることについては、「そのような自国民が外国にうろうろしていることは、自分の国の恥であるし、それにより相手の国に迷惑をかけることも国際道義上許されない」と言い、「外国人は自国以外の他国に住む『権利』はないのである。だからどんな理由をつけても（国際法上はその理由すらいらないとされている）追い出すことはできる」とも断言した。民間人の「帰れ」発言の背景には、こうした日本政府の排外的態度があった。

その後、日本は国際的には国際人権規約や難民条約を批准し、国内では外国人の権利を求める運動と世論が高まったのを受けて、1982年の新入管法を制定した。さらに、指紋押捺拒否運動などを経て、1991年に日韓覚書が交わされ、特別永住者の在留資格が設けられるとともに、指紋押捺制度も撤廃されることになった。入管・登録体制上は在日朝鮮人に対して、より「柔軟」な路線に変わっていったとも言えるが、政府が排外主義的な風潮を扇動する状況は続いた。特に2002年以降は日朝関係の悪化にともない、日本国内の「北朝鮮」に関わると目されたものに、日本政府はさまざまなデメリットを課すようになった（「高校無償化」制度からの排除など）。また、歴史認識についても、日本政府の見解と異なるものを非難することが相次いだ。これらが、在日朝鮮人に対するヘイトに、絶好の素材を与える格好となっている。

戦後日本と「帰れ」発言

「帰れ」発言は、以上のような歴史の展開のなかで実質的な排除の力を宿すことばとなっていった。「帰れ」発言が、日本人による在日朝鮮人への攻撃の文句としていつごろからどのように広まったかについては、今のところはっきりしない。1945年以前にも「朝鮮に帰れ」がいじめのことばとなっていたことが確認される一方［D01］、戦前生まれの方で「ニンニク臭い」などの見下したことばはあっても「帰れ」には記憶がないとおっしゃる方もいる［A01］。ただ、おそらく日本の敗戦後、多くの在日朝鮮人が一斉に帰還するとともに、残留していた朝鮮人を日本の官民が「第三国人」などと呼んで敵視していったことに並行して、「帰れ」は増殖しはじめたと推察される。川崎の在日朝鮮人女性の聞き書きでも、1945年から間もない時期に「帰れ」と言われた事例が複数記録されている［D02］。

その後、在日朝鮮人が究極的には退去強制の対象ともなりうる外国籍になったことが、「帰れ」言説の実質的な力を強めたことも確かである。日本人側から見れば、たとえば一九五二年に在日朝鮮人が外登法・入管令の対象となって間もなく、大阪市内で右翼団体が「悪質朝鮮人を強制追放せよ」といったバルーンを上げ、「悪質朝鮮人追放賛成」署名運動をおこなったことなどに露骨なかたちで表れた［D03］。また、いつどのような理由をつけて日本政府に強制送還されるかわからないという怖れから、1950年代のはじめには、在日朝鮮人団体による強制送還反対運動も展開された。*14 このことは「なにかあったら送還されるかもしれない」という思いを日本政府が在日朝鮮人に与えていたことの証左である。

2 「帰れ」発言の言説分析：加害の論理構造

ここまでは、「帰れ」発言の背景となる事実関係を確認した。本節では、日本人の「帰れ」発言が具体的にどのような機会に発せられてきたのか、そこにどのような特徴が表れているのかを批判的に分析する。先に述べておけば、そうやって抽出された特徴からは、本件被告のブログ書き込みの表現自体にオリジナリティはまったくなく、歴史的にくり返されてきたことばによる暴力の現代版のひとつであるということがわかる。時代も地域もこえて、ときに身体的暴力もともなって「帰れ」発言が反復されてきたからこそ、この問題の深刻性が理解されるはずである。

定住外国人の権利主張への攻撃

さまざまな文献に記された「帰れ」発言の特徴のひとつは、在日朝鮮人が日本のなかでの差別の是正や最低限の権利を求めて運動を展開した際に、それに対する攻撃のことばとして「帰れ」を用いるということがある。本件被告の場合、居住地域に向けられた「殺せ」というデモにさらされたくはないという原告の最低限の権利の主張に対して、ブログで「帰れ」攻撃をおこなった。

1974年、日立就職差別裁判では、一審で勝訴した朴鐘碩《パクジョンソク》さんに対して、「日本の企業は日本人のためにある」「さっさと朝鮮へ帰りやがれ」といった手紙が複数舞い込んだ［D08］。1975年、NHKに自らの名前を朝鮮語読みで発音するよう求めて訴訟を提起した崔昌華《チェチャンファ》さんに対して、「ころす」という脅迫の文言をふくむ「帰れ」という書状が複数送られた［D09］。1985年、外国籍者だけが指紋押捺を強要される外国人登録法に抗議し、押捺を拒否していた李相鎬《イサンホ》さんが、自治体からの告発もなく警察に逮捕されると、それに対して「帰れ」といった脅迫状が殺到した。それを誘発したのは、大阪府警外事課長による「そういう体制がいやであれば自分の国にお帰りになればいいわけですね」とのテレビニュースでの発言だった。近年では、朝鮮学校の「高校無償化」制度からの排除や地方補助金の停止について、その支給を求める街頭活動をしていた人々が、「朝鮮帰ったらええねん」［A07］、「嫌なら朝鮮へ帰ればいいでしょ」［A16］、「朝鮮がよかったら朝鮮に帰ればええんじゃないか」［A47］と言われたという事例が報告されている。

このように、「帰れ」発言のひとつの機能は、最低限の権利を求める在日朝鮮人の訴えに対して、「よそ者」扱いすることでその主張を封じ込めようとするところにある。そこには、定住外国人の権利という考え方への無理解、ないしそれを許容しない反人権的な態度があると言わざるをえない。*15

服従の強要と主従関係の設定

「帰れ」発言は、それだけ単独で用いられることもあるが、しばしば「〜せよ、それが嫌なら帰れ」という二者択一を迫るかたちで使われる。たとえば、「郷にいれば郷に従え。〔……〕我が国の法律を守れなければ即刻退去を命ず。日本人の命には絶対服従を要求する。死ぬもまたよし」［B21］という表現に露骨に表れているように、日本人が決めたことへの服従要求とワンセットになる。

崔昌華さんには、日本で名前の日本語読みをするのは当然だとし、それが嫌なら「帰れ」とする［D09］。2014年のある大学の授業では、学生のコメントシートで「日本は日本人の国であり、在日は日本の法律と規則にそって生きればいい」といった内容のものがあり、教員がそれを読み上げたうえで、在日朝鮮人である学生を指名して反論させた。翌週、それに対する反応として「文句があるなら帰ればいい」というコメントシートがあり、また教員が読み上げるという事件があった［A43］。また、「お前ら朝鮮人に言われる筋合いはない。チョーセン帰れ」［D11］のように、在日朝鮮人のまっとうな是正要求を拒絶する論理としても用いられた。そこには法令であれ、日常的な規範であれ、日本人が決めたことには文句を言わずに服従すべきだというメッセージが付随している。そこには日本人と在日朝鮮人のあいだに、対等な人格をもった関係ではなく、明確な主従関係を設定し、そのことをもって相手を黙らせ、従わせようとする考え方が表れている。

上に引用した「日本は日本人の国」のような主人意識と排外主義的な言動の組み合わせは、他国でも報告されている。*16「帰れ」発言にしばしば付随してきた「日本に住まわせてあげている」という言説、たとえば「わかってるか。日本に住ませてもらってるんや」[A10]、「日本に住まわせてもらって居る外国人」[B27]、「日本の国で住ませて貰っていることを感謝せよ」[D08]などは、まさにそのことを如実に表している。長いあいだ仕事にもありつけず、融資も受けられず、自分たちでなんとか生活してきた在日朝鮮人の歴史を想起するならば、この「〜してあげている」という日本人の言説は倒錯的な主人意識以上のものではない。

主従関係を設定する際に、「帰れ」発言者は、しばしば在日朝鮮人がわきまえるべき一定の言動の水準を一方的に設定したうえで、それを超えた言動を非難する。「ヨボの癖に大きな事云うな」[B36]という表現は、まさに一方的な「分」を線引きし、その分をわきまえない者を攻撃するためのことばである。「朝鮮人なら朝鮮人らしくせんかい」[B09]もその一種である。

本件被告のブログ書き込みは、ここまで述べた諸特徴が典型的に表れている。線引きしたうえで分不相応だと非難する語りについては、書き込みのタイトル「お前何様のつもりだ」にはじまり、「思いあがった思想を持った在日コリアン」など、短い書き込みのなかに幾度も登場する。そして主従関係の設定についても、「郷に入りては郷に従え」といった表現や、強調して書かれた「日本国は我々日本人のものであれ、お前らのものではない」といった表現に典型的に表れている。そして、ここに「祖国に帰れ」が続くのである。

ミソジニーの複合

これに関連して指摘しておくべきことは、この主従関係ないし非対称的な関係が民族的・国民的なものだけでなく、ジェンダーに対しても同時に設定されていることである。本件被告は「この崔江以子《チェカンイヂャ》というオバサン、李信恵《リシネ》や辛淑玉《シンスゴ》と同じぐらいに嫌悪感や憎悪の念を感じます」と語っている。在日朝鮮人であることに加えて、女性であることが、日本人男性である被告に一層の「嫌悪」「憎悪」を引きおこさせている。ここにミソジニー（女性嫌悪）がレイシズムと複合して作用しているのである。

これも、本件被告だけの問題ではない。たとえばこれは、李信恵さんが、インターネット上のヘイトスピーチを複合差別として訴え、名誉毀損による損害賠償を勝ちとった裁判とも重なり合う。[*17]アンケートでも、日本人男子が在日朝鮮人女性を暴力によっていじめるに際して、「韓国人は韓国へ帰れ」［A11］、「朝鮮人は国へ帰れ」［A23］、「朝鮮に帰れ」［A25］。「韓国人だ、日本にいないで帰れ」［A34］と言った事例がある。さらに、チマチョゴリ制服を着た朝鮮学校の女子生徒に対する暴行と暴言も、レイシズムとミソジニーの複合的な攻撃事例に当然入ってくる［A44、C］。

嫌悪の投影と差別の責任転嫁

「嫌悪」をめぐっては奇妙な現象も見られる。本件被告は、崔江以子《チェカンイジャ》さんらにとって「日本や日本人は『絶対悪』の存在でなければならない」などと、あたかも崔江以子さんが日本人を嫌悪しているかのように述べる。しかし崔江以子さんは前世紀から人生をかけて共生社会をつくろうと尽力してきたのであって、一方的に嫌悪の感情を有しているのはむしろ被告のほうである。自分の在日朝鮮人への嫌悪感を、在日朝鮮人が日本人を嫌悪しているかのように投影しているのである。この嫌悪の投影という機制は、偏見に典型的なものである。*18「日本を馬鹿にしている」［B41］といった表現も、実際に在日朝鮮人をバカにしているのは「帰れ」発言者のほうなのだから、これも投影の一種である。さらに、この嫌悪が敵意に転化すれば、本件被告のいう「日本国に仇なす敵国人め」という表現にもなる。「日本国を敵視するのなら、一度在日朝鮮人の不良分子は皆帰国すれば良い」［B11］のように、本件被告の書き込みに相似した表現が見られるほか、「日本での反日運動は許せない」［B22］などと「反日」の語を用いたケースもある。

こうした投影の延長線上にあるのが、差別の原因をつくっているのは在日朝鮮人だという責任転嫁である。本件被告は、「こういった一部の在日コリアンが思いあがった行動をすることで、日本人に在日コリアンに対する憎しみがますますわいてしまう」と記す。このような差別の原因を当の被差別者に見いだそうとする「被害者への責任転嫁」は、米国では1960年代以来、レイシズムの文脈で議論がくり返されてきた。[*19] 地域に住みながら「殺せ」や「帰れ」というデモにさらされたくはないという本件原告の最低限の主張を「思いあがった行動」であると認知しているのは、本件被告の偏見の産物にほかならない。

暴力行為と存在の否定

「帰れ」発言は、しばしば物理的な暴力行為とも連動していた。すでに述べた在日朝鮮人女性に対する暴力に加え、朝鮮学校の児童生徒に対しても、石を投げる［C06、C18、C20、C21］、傘で殴りかかってくる［C13］、酒瓶が飛んでくる［C17］、殴りかかってくる［C31］などの暴力行為とともに「帰れ」発言が投げつけられた事例が見られる。その意味で、「帰れ」発言は、実際の物理的暴力と地続きのものである。

また、崔江以子さんがヘイトデモで耳にしたように、「帰れ」発言が「殺す」「死ね」といったことばをともなったものも多い［B21、C23、D06、D09、D10］。このなかには本当の危害予告という側面があるものもふくまれている。と同時に、これは「帰れ」発言が、実際に朝鮮半島に帰還するかどうかよりも、まず目の前から、地域から、日本国から消え去ることを望むことばであることを照射してもいる。崔江以子さんがヘイトデモで「帰れ」と言われ、「ゼロなんだ」と言われたと感じ取ったのは、まさにこれが在日朝鮮人の存在を否定する言語行為だからである。

3 「帰れ」発言による被害経験の深刻さ

以上をふまえ、以下では主にアンケートの記述をもとに、「帰れ」発言の被害経験の特徴について論ずる。「帰れ」と言う側の論理は実に単純だが、「帰れ」発言のもたらしたインパクトやその態様は受け手の人生の数だけ多様である。ただ、そこには一定の共通性も見られる。その共通性を取り出すことによって、「帰れ」発言がもたらすダメージがいかに深刻なものであるかを論証する。

非対称的な力関係による沈黙効果

在日朝鮮人に対して退去強制という最後の手段を担保しつづけた戦後日本政府の強硬で排除的な政策は、いつ送還されるかわからないという恐怖感を在日朝鮮人のなかに広めることになった。それはたとえば1954年生まれの男性が、「自分がこの国で安定した存在ではないこと、『韓国という国に返される』（私にとっては『帰される』ではないです）かもしれない存在という意識が、それからずっと離れずに自分自身を形成してきた」［A09］と語っていることに表れている。川崎の裵重度《ペェチュンド》さんが、「帰れ」発言を「私の子供の頃の世界においては、第一級の殺し文句でありました」と述べるのは［D04］、第一義的にはそれが人を黙らせるからであるが、と同時に、実際に日本における自らの存在に関わるような「殺し文句」だったからに他ならない。

「帰れ」と言われて、思わず、そして不本意にも沈黙してしまった経験のある在日朝鮮人は多い。「返す言葉がなく黙り込んでいた」［A04］とか、「黙り込んでしまって、これが沈黙効果かと実感した」［A24］とか、チマチョゴリ制服での通学時に何度か言われ「その度に黙って睨みつけるのが精一杯で、怒りと悔しさを噛み締め」とか［A13］、「ヘイト・カウンターデモで『韓国だろう！韓国に帰れ！』と面と向かって言われ、わかっていた事なのに体が硬直して黙してしまった」［A13］といったものである。

それは、そのことばがもたらす衝撃と恐怖のためでもある。「私はびっくりして、ショックを受け、顔を真赤にして、相手をにらみましたが、返す言葉もなく、涙をこらえるのがやっとでした」［D05］、「当時はめちゃくちゃ恐怖を感じて何も言い返せなかったし放心状態に近い感じで突っ立っていた」［A47］といったようにである。なかには川崎の一世の女性のように、「かえって『すみません』って言った」というケースすらあった［D02］。

沈黙は、そのまま泣き寝入りへと続く。小学5年のとき、複数の男子生徒にランドセルを引っ張られて、「韓国人は韓国へ帰れ」とはやされ、倒され、前歯4本を折られたというケース［A11］では、「母は泣くだけで、父は韓国人だからいじめられても仕方ないと言うだけ」だったという。これは1970年前後のことと思われるが、校長は「女の子だから顔に傷がつかずによかった」と言うだけだったということで、学校が問題を放置していた事例でもある。

沈黙は、「帰れ」の一言が一瞬のうちに日本人と対等でないことを思い知らせる効果をもつものだからでもある。「対等に反論できない。『国に帰れ』は、言う人と言われる人の力関係、非対称性によって成立する言葉です」［A09］と、力関係と非対称性を認識させられることばだという。また、「マイノリティーの側は、その言葉を聞くと、本当はまったく正当性のない言葉であるにも関わらず、彼の背後に大きな『日本』というものがそびえ立っている感じがして、あたかも反論が許されないような感覚に陥ります。普段は自分を外国人と意識せず過ごしていても、『帰れ』という言葉を耳にした瞬間に、日本という場所に自分がいてはいけないのだろうかと強烈な疎外感を覚えます」［A42］とあるように、「帰れ」発言はマイノリティと「日本（人）」とのあいだに高い壁を築くものなのである。

自己否定と人間不信

不平等な現実をつきつけられ、自己否定に陥る者もいた。1964年生まれの女性［A16］は、「生まれた時点から異国の地に住んでいる、自国ではないが、自国に帰る事もない」と考えており、「それが故の自己肯定感の消失や諦め、『異国民だから仕方ない』と言う後ろ向きな思考」が癖になってきた。だからこそ、「帰れ」と言われたとき、「怒りよりも出自に対しての恨みの様な感情すら生まれていた」し「自分が朝鮮人だから仕方ない」と思ってしまったという。しかし民族教育を受け、なぜ在日朝鮮人が日本に住んでいるのかを理解していくにつれ、これが怒りや憤りの感情へと変わっていったと語る。また1983年生まれの女性［A34］も、「日本で生まれ育った自分に対してこういう発言をされることは、自分に非があるのかと自己嫌悪に陥った。日本社会の一員として生きていた自分のこれまでの人生や自分のルーツを否定し、本当の自分を隠して生きるしかないのかと思い悩んだ時期が長かった」と語っている。

このように「帰れ」発言によってもたらされた疎外感は、そのことばを発した特定の相手に対してだけではなく、より一般的に、周囲の日本人に対する恐怖心や警戒心、さらには人間不信へと転化した。そうした経験はかなり多い。1949年生まれの女性［A02］は、職場ではじめて「国へ帰ったら」と言われ、「平常心が吹っ飛ぶ程のショック」を受け、それ以降は「言葉に出して言うか、言わないか、歴史教育を受けていない日本人は心の中で、『朝鮮帰れ』と思っていると思う」ようになった。小学校時代にクラスの男子に暴行を受けながら「朝鮮人は帰れ」と言われた女性（1972年生まれ）は、「未だに人間関係がうまく作れず他者との距離がうまくとれないのは、子供時代の経験が影響していると思われる」と自己分析している［A25］。「2ちゃんねる」にスレッドが立ち、「北朝鮮に帰れ」などと書き込まれた女性（1980年生まれ）は、「書き込み数が多かったため、実生活で顔を合わせている人の中にもこのような考えの人がいるかもしれないと思うようになり、以前より社会に警戒心を持つようになった」という［A31］。高校時代にクラスメイトからスパイ呼ばわりされ、「2ちゃんねる」にも「嫌ならお国に帰ればいい」と書き込まれた女性（1987年生まれ）は、「その後も初めて出会う『ノンポリの』日本の方は本音のところでは『反日』だったら『日本を出ていけばいいのに』って思ってるのかな？と疑ってしまう要因となる経験になってしまった」と語る［Ａ36］。先述した２０１４年に大学の授業でコメントシートを読み上げられた女性（１９８７年生まれ）の場合、その後次のような症状に見舞われた［Ａ43］。

その後、私は、授業に行くのが気が重くなった。同じ授業を受けている人の中に自分の属性に対して敵意を持ち、あるいは不快に思っている人がいること、また、コメントを発したのは誰だかわからないが、自分は教室内で意見を言ったことで、相手は自分の顔を知っているかもしれないことからくる恐怖感を抱くようになった。これにより、その授業への参加だけではなく、学部棟などにも入りにくくなり、さっさと通り過ぎたり、大学に来ること自体にも不安を感じるようになった。それから半年以上、学生の集まる場所（キャンパスや交通機関など）に近づくと不安になる状態が続いた。

このように「帰れ」発言は、それを発した当人だけではなく、表明しない日本人も内心では同じように考えているのではないかという猜疑心を引き起こし、ときに在日朝鮮人のパーソナリティや人との関係の形成のしかたにまで負の影響を及ぼすのである。

恐怖と申しわけなさ

また、ヘイトデモや街宣車の放つ「帰れ」をふくむ罵詈雑言が、その後の生活にも恐怖感をもたらしたケースも目立つ。最近ヘイトデモに遭遇した女性（1959年生まれ）は、「以来、近所付き合いしていても、同じような考えの人がいるかもしれないという漠然とした不安を抱くようになり、更に本名で表札を出していても、朝鮮籍者だとは口が裂けても言えないと感じるようになった」［A13］。右翼の街宣車に「帰れオラ!!」と叫ばれた女性は、「男性に叫ばれるだけでも恐怖を感じるのに本当に恐ろしかった。しばらくはつけられていないか心配になりました」と述べる［A33］。ヘイトデモを見た女性（1983年生まれ）は、「『帰れ』という発言だけではなく、『殺す』とか『死ね』という発言が、本当に自分に向かってくる感覚を覚え、特にヘイトスピーチデモを見たあとはしばらく、自分の周りに自分を監視したり危害を加えようとする人がいないか恐怖心を覚えるようになった」と語る［A34］。

それが「殺す」といった脅迫とともにある場合は、身の危険を感ずることにもなる。「近所の人から『必ず返《ママ》れ、返《ママ》らなみんな殺す』と言われたから、たまったものでない。本当に家族一同は心配した。私は夜遅くなった場合、身の危険を感じ、タクシーで家に帰った」［D09］などが、まさにその例である。

「帰れ」発言は、言われた本人だけではなく、その身内に負の影響を及ぼしうる。「当時は子どもがまだ幼かったので、自分よりも子どもの身に何か起きたらどうしようと、恐怖心を感じました」［A23］というように、子どもになにか悪いことが起きないかとの懸念を強めた者もいる。また、「帰れ」をふくむヘイトスピーチを中学生の子どもに聞かせてしまい、「大人として何もできないことが本当に辛くて、子どもたちに申し訳ない気持ちでいっぱいだった」［A07］とする者もいる。崔江以子さんも母と息子に「帰れ」ヘイトを聞かせてしまったことを、「できることであれば本当になかったことにしてあげたい」と強く感じたと語っている。「帰れ」発言は、それを言った者に最大の責任があることは言うまでもないが、被害当事者がそのことばを身内に聞かせてしまったことを止められず申しわけなく感じてしまうという効果をも生み出している。

信頼が裏切られる

「帰れ」発言は、在日朝鮮人に対する意識的な攻撃であるときだけが問題なのではない。仲のよかった人、理解していると思っていた人から、悪気のない「帰れ」発言が出てくることによって、裏切られた気持ちとともにショックを受けるケースも少なくない。1957年生まれの男性は、小学6年生のときに、担任が教室で「朝鮮人は差別されています。それは日本人になれるのにならなかったし、朝鮮に帰らなかったから。今から日本人にはなれないけど朝鮮に帰ったらいいかもな」と言ったことに衝撃を受け、母親に「日本人になりたかった。日本から追い出されるのかもしれない」と言った［A10］。小学校3年のときにクラスの仲間3人から暴行を受けた男性（1990年生まれ）は、「僕は週二回柔道をする強い九歳児だったが、仲の良い友達からの暴力と精神的裏切り、そして被差別の混乱のなか、自己防衛すら出来なかった」と語る［A40］。また、1990年生まれの女性は、行きつけの店で意気投合した日本人に、在日朝鮮人として受ける差別について語ったところ、「じゃあ帰るしかないね」と言われたときの思いを次のように述べている［A41］。

私も彼女の人柄がとても好きだったので、真面目な応答として「帰るしかないね」と言われたことにはショックを受けました。言葉を尽くしても伝わらない現実を目の当たりにした気がして、その場で涙がでました。〔……〕あのとき伝わらなかった話がいつか伝わってくれたらうれしいと思っていますし、信頼関係が構築されている今と、出会ってすぐの頃では状況が違うということは理解しつつも、まだ私からその話をすることはできていません。また伝わらなかったらと思うとこわい気持ちもありますし、前回よりも大きなショックや挫折になるだろうなと感じています。

「帰れ」発言への対応の諸相

「帰れ」発言に遭遇してしまったときに、さまざまな対応の仕方がある。平然としたふり、聞かなかったふりをしてその場を切り抜けるケースはよくあるもののひとつである。「怖いながらも、逃げるのも癪に触り、平然と通り過ぎたことを覚えてます」［A14］とか、「言っていたのを聞いていない振りをしてその場の聞き《ママ》から逃れようとしていました」［A18］とか、「それに対して、最初は私に対して言われたことなのか、何について言っているのか分からず、聞こえないふりをした」［A36］といったものである。また、「その場は私たちは無視してやり過ごし、〔……〕反論しようとした友人をなだめたもののあの場にいた同級生全員が同じ気持ちで反論したかったし怒っていた」［A44］と、他にいた在日朝鮮人と感情を共有していたケースもあった。

もちろん言い返したりしたケースもある。たとえば高校時代にバスのなかで言われ、「バスを降りたその人物を私は追いかけて、発言を撤回しろと迫り、学校で習った歴史を必死につなげながらなぜわれわれが日本に住んでいるのかを学生なりに語った」というケースがある［A28］。下校中に言われ、「私は一人だったので怖かったのですが、泣きながら『お前らが日本に連れてきたからだろ！』と叫んだ」というケースもある［A30］。「北に帰れ」と言われて「黙れ」と言い返したという事例もある［A45］。

子ども時代、腕っ節の強かった者の場合は反撃したこともある。「その何倍も日本人をいじめた」［A18］、「殴り合いの喧嘩だったので、そのまま殴り合い続けた」［A39］といった事例もある。感情が高ぶり、思わず手があがることもあった。親友にカミングアウトしたところ、大笑いしながら、「お前、チョンコやったんか。ハハハ、朝鮮人は朝鮮に帰らなあかんねんで。わかってるか。日本に住ませてもらってるんや」と言われ、「叫びながらそいつの首を絞めてシバキかけた」ケースのようにである［A10］。

崔江以子さんのように、差別を受けないように、民族的なアイデンティティを隠してやりすごしたケース（パッシング）も少なくない。「こうした言葉の対象にならないために、コリアンであることを隠してきました。高校まで日本名を使い、一世の祖母と歩くことをさけた」という方もいる［A08］。学校で「帰れ」と言われて、それ以降、本名のついた名札をつけないで学校に行くことにした子もいる［D10］。日本名で通っていたのに男子生徒から暴力を受け、「その時、どうして私だけ自分のルーツを理由にこういう被害を受けるのか、やはり自分のルーツは隠して生きなければいけないのか、大変思い悩みました」と語る者もいる［A34］。

生き方を変えた人もいる。「休み時間なども自分から教室で過ごす時間を減らして一層孤立していきました。その被害経験は私にとって、こいつはよそ者だという雰囲気を作られ、実際に孤立することで身を守るきっかけになった」というように、あえて孤立することで自己防衛する人もいた［A36］。「帰れ」と言われ、「そのことが六年生になって朝鮮学校へ転校した要因になりました」と、朝鮮学校に転校して逃れた人もいる。この方の場合、転校後、「そういう言葉を浴びる機会はなくなりました」という［A03］。また、「［小学校の］五年ぐらいまで朝鮮人呼ばわりは続いたが中学で私立に入って環境リセットされて誰も手出ししてこなくなった」と、進学校に行くことで逃れた人もいる［A25］。さらに居住地に影響を及ぼしたケースがある。「安全への配慮から、インターネット上での人との交流や居住地の決定など様々な面で自由が制限されており、『帰れ』というヘイトスピーチは実害を伴うことを実感しています」と、居住地の制限を実感してきたという人もいる［A31］。このように「帰れ」発言は、生き方を変えざるをえないほどのインパクトをもつことがある。

トラウマと忘却

「帰れ」発言は、その被害者にトラウマを残すこともある。「今でもあの時のことを思い出すと、脈拍が早《ママ》くなってしまいます」というのは典型的なトラウマ症状と言える［A26］。また、「韓国人という理由だけで否定され差別され暴力行為まで受けたことは、私の中学時代の大きな心の傷で、一生忘れられず、今も思い出すだけで身震いがします」というケースもある［A34］。

わたしが今回アンケートを実施してもっとも印象に残ったもののひとつが、母子合作による回答である［A40］。わたしは最初この被害当事者の母親から次のような内容の問い合わせを受け取った。息子が小学校3年生だったとき、クラスの子から「韓国へ帰れ」と言われながら暴行を受けた。心に大きな傷を負い、人間不信になり、4年生の新学期まで下校後遊ばずに毎日家に帰るようになった。その後、息子は徐々に自信を取り戻し、柔道も上達して、いじめられることもなくなった。ところが最近、すでに成人となった息子とこの件について話したら、本人の記憶からはこのことが完全に失われていた。ほかのことはよく覚えていたのに、この深刻なできごとをまったく覚えていなかったことにショックを受けた。「帰れ」はそれだけ在日朝鮮人にとってつらい体験で、心を開けない人が多いのではないか。本人の許可は得ているので、代理で回答してよいか。以上がその問い合わせの趣旨だった。もちろん、わたしはこれを承諾した。それで、「この件は息子の記憶から完全に消えていたので、母親の私が本人の了解を得て代理で草案を書いてから息子は少し思い出せるようになったので、本人と共同で書いた形になります」ということで回答していただいた。トラウマ的記憶の抑圧とでもいうべきものであり、鮮明に刻まれた記憶とともに、「帰れ」発言の深刻性をよく物語っている。

反復される「帰れ」発言

最後に、日本社会で「帰れ」発言が世代をこえて反復されていることについて述べたい。今回の回答には、この歴史的反復自体に苦痛を覚えているという趣旨のものがいくつも見られた。「いつかは世の中が良くなると思い（理解し合える）日本で生活してきた」という男性（1959年生まれ）は、「朝鮮人に対する差別的な発言は、かつて（私の学生時代）と全く変わらない、いや、むしろその時（近所や通学に利用していたバスの中で日本人が朝鮮人に対して陰口を叩いていた時代）よりもより一層露骨になっていると思う」と語る［A12］。高校のときにバスで中年男性に言われ、朝鮮学校教員になってからはサッカーの練習試合で相手選手から聞いたという男性（1977年生まれ）は、「怒りではなく、『日本ではおそらくこの考えは今後無くならないんだ』と言う諦めと脱力感を覚えた。在日一世から始まり、少なくとも四世まで『帰れ』という言葉を聞かされている現状に心が苦しくなり、また先にも述べたように日本では無くならないという諦めの気持ちが強いのが本心です」と述べる［A28］。チマチョゴリを着て「高校無償化」除外反対の街頭活動をしていたところ、ある母子が写真を撮りながら「そんな嫌なら朝鮮へ帰ればいいでしょ」と言われた女性（1964年生まれ）は、「言葉の怖さだけではなく、母から子にしっかりと教育されていく民族差別意識の怖さを忘れません」と語る［A16］。

在日一世の時代から、21世紀の今日にいたるまで、日本社会は在日朝鮮人に「帰れ」という排除のことばを浴びせつづけてきた。つまり日本社会は「帰れ」発言を許容しつづけてきたのである。先の引用はいずれも、変わらぬ日本社会に対しての諦めともいうべきことばが連ねられている。いつまで続くのか。これは永遠にやまないのか。本件訴訟は、まさにこの「帰れ」発言を許容する日本社会を変えるための一歩として提起されたものである。

おわりに

以上、「帰れ」発言がいかなる意味においてヘイト発言なのか、それがどれほど歴史的および社会的な重みを持っているのか、くどいほどの説明をしてきた。過去にも現在にも在日朝鮮人がさまざまな状況下でこの理不尽なことばに接し、そのたびに憤慨、失望、もどかしさ、喪失感、無力感、自己否定などにさいなまれてきた。このことばに接した方々は、その後、他の多くの負の経験とともにそれを記憶の底に沈めてしまったり、なにか別のことに自信をつけることで克服したり、あるいは自分自身が直面することのないように民族的アイデンティティを隠すといった回避行動をおこなったりなど、それぞれのやり方で生きつづけてきた。本裁判は、そうした無数の埋もれた被害を背景として、崔江以子さんが勇気をふりしぼって立ち上がり、ようやくこれを正面から司法の場で問うたものである。

幸い、本件裁判では原告側の勝訴となった。画期的なことである。ただ、これで終わりではない。二度と「帰れ」発言で在日朝鮮人が苦しめられることのない日本社会を再構築していかなければならない。被害を受けた方々が、裁判という膨大な時間と力を必要とする手段に訴えずとも解決される仕組みをつくらなければならない。そのためには次のステップとしての立法措置をめざすべきである。そのために、本稿で記したような無数の被害経験とそれに対する理不尽だという思いの蓄積、そして本件判決は、歴史の重みを持った立法事実となる。

【注】

＊1 意見書では、裁判で使われていた用語に合わせて「在日コリアン」との語を用いていたが、本章では「在日朝鮮人」としたい。それは本章の中心が、原告のように、植民地朝鮮から日本（当時の「内地」）に渡ってきた朝鮮人の子孫として日本に生まれ、外国籍者として日本に定住してきた人々だからである。また「帰れ」ヘイトが、植民地主義の歴史とその継続の産物であることを示すためでもある。もっともそのことは、日本国籍を有しているコリアン、コリアン・ルーツはあるが親や祖父母などが日本人である者、戦後に日本に来たいわゆる「ニューカマー」などにとって、「帰れ」ということばがヘイトの意味をもたないということをまったく意味しない。ここでは、あくまでも本件の被害が原告だけのものではなく、広がりをもっていることを示すために、あえて議論を限定する。

＊2 意見書はオンライン公開している（本書238ページにURLと二次元コードを掲載）。意見書ではアンケートの記述や文献からの引用を附録としてまとめたが、本章では省略する。同附録を本文中で参照する場合には「A01」（附録Aの1番）のような記号により指し示す。Aがアンケート、B〜Dが文献資料である。

＊3 以下述べるのはごく基礎的な事実関係であり、関連文献は多いが、さしあたり田中宏『在日外国人——法の壁、

心の溝』（岩波書店、2013年）、水野直樹・文京洙『在日朝鮮人――歴史と現在』（岩波書店、2015年）を参照。

＊4　在日朝鮮人渡航史については、姜在彦の先駆的な研究「在日朝鮮人渡航史」（初出は1957年、『「在日」からの視座』新幹社、1996年所収）のほか、外村大『在日朝鮮人社会の歴史学的研究』（緑蔭書房、2004年）などを参照。過剰都市化については橋谷弘『帝国日本と植民地都市』（吉川弘文館、2004年）参照。

＊5　京都市社会課『市内在住朝鮮出身者に関する調査』1937年、36―40ページ。

＊6　竹前栄治・中村隆英編『GHQ日本占領史16　外国人の取り扱い』日本図書センター、1996年、23―24ページ。

＊7　在日朝鮮人における「祖国」「故国」「母国」の分裂については徐京植の著作を参照されたい（『半難民の立場から』影書房、2003年。『在日朝鮮人ってどんなひと?』平凡社、2012年）。

＊8　県の委嘱を受けた神奈川県内在住外国人実態調査委員会が1984年に実施した（『神奈川県内在住外国人実態調査報告書――韓国・朝鮮人、中国人について』1985年）。1028人の有効回答があり、うち韓国・朝鮮籍が866人、中国籍が161人、国籍無回答が1人だった。

＊9　我妻洋・米山俊直『偏見の構造――日本人の人種観』日本放送出版協会、1967年、115―140ページ。調査対象者は270名である。調査の正確な年月は明記されていない。

＊10　1965年の国勢調査によれば、在留外国人66万5989人のうち58万3537人（87・6％）が韓国・朝鮮籍である。

＊11　以下の記述は、次の諸文献による。大沼保昭『〔新版〕単一民族社会の神話を越えて』（東信堂、1993年）、金太基『戦後日本政治と在日朝鮮人問題』（勁草書房、1997年）。

＊12　ロバート・リケットと裁判の会「指紋押捺制度の背景」（『思想の科学』100号、1988年、77ページ）。

＊13　池上努『法的地位200の質問』京文社、1965年。引用箇所はそれぞれ167、38、69ページ。

＊14　強制送還反対運動については、朴慶植『解放後　在日朝鮮人運動史』（三一書房、305―309ページ）、鄭栄桓『歴史のなかの朝鮮籍』（以文社、2022年）を参照。

＊15　定住外国人としての在日朝鮮人については梶村秀樹「定住外国人としての在日朝鮮人」『梶村秀樹著作集』（第

6巻、1993年）を、また定住外国人の市民的権利（デニズンシップ）についてはハンマー『永住市民（デニズン）と国民国家』（明石書店、1999年）を参照。

＊16　オーストラリアを中心とした議論についてはガッサン・ハージ『ホワイト・ネイション』（平凡社、2003年）を参照。

＊17　この裁判については、李信恵・上瀧浩子『#黙らない女たち』（かもがわ出版、2018年）を参照。

＊18　投影と偏見の関係については、オルポート『偏見の心理』（培風館、1978年）を参照。

＊19　「被害者非難」はさまざまなかたちであらわれ、昨今も大きな問題になっている。米山リサ&板垣竜太「対談　共振する日米の歴史修正主義」（『世界』2022年1月号）を参照。

第5章

求められる
人種差別撤廃法制度

勝訴判決後、記者会見する崔江以子さんと弁護団（写真提供：石橋学）

師岡康子

はじめに

第1章、第2章で見てきたように、崔江以子《チェカンイヂャ》さんは、本件のネット書き込みのよる差別の被害に加え、民事裁判を提訴したことにより、さらに耐えがたい苦痛を背負わざるをえなかった。

崔さんが勝ちとった本判決は、「帰れ」との表現が差別であり、かつ、違法であるとし、在日コリアンをはじめとする在日外国人への代表的なヘイトスピーチを公的に非難し、抑止する大きな意義を有するものであった。

しかし、民事裁判による過剰な負担は、日本の人種差別撤廃法制度の欠落が原因であり、国際人権基準に合致する法制度を有する国であれば負わなくてもいい理不尽なものである。

これ以上、被害者に身を削る犠牲を強いることなく、差別を防止し、被害者を救済する、国際人権法上の義務を果たす法制度をつくることが急務である。

第2章、第3章で述べられた日本の法制度の現状から出発し、第2章で紹介した国際人権基準に照らし、どのような法制度をつくるべきなのか具体的に検討しよう。

1　ヘイトスピーチ解消法の改正

第3章で述べられたように、本判決の大きな意義のひとつは、ヘイトスピーチ解消法第2条の定義規定にあたる差別的言動が違法であると判断したことにより、禁止規定があるように機能させたことである。

解消法の前文の「許されない」との文言、衆参両院法務委員会での附帯決議で同法第2条の解釈について人種差別撤廃条約「の精神に照ら」し、とあること、政府が人種差別撤廃委員会に対する報告書のなかで同法をヘイトスピーチを刑事規制の対象とする同条約第4条に関する報告事項のなかで挙げ、条約の義務の履行を政府が位置づけていることからすれば、解消法は第2条で規定する差別的言動を禁止しているとの解釈は可能である。本裁判の裁判体も解消法をそのように解釈したと評価しうる。

他方で、やはり解釈だけでは不安定であり、条文自体を改正することが望ましい。同法第2条にあたる言動について「してはならない」との明確な禁止規定を導入することが一案である。

明確な禁止規定が入れば、被害者は差別的言動について解消法の禁止規定違反の違法行為として差別か否かの判断を求めることができる。被害者にとって大きな前進である。

解消法改正にあたっての問題点

ただし、解消法の改正にあたっては、最低限、第2条の定義から人種差別撤廃条約違反である適法居住要件を削除することが必要である。*1

また、この定義規定は、どのような表現が禁止対象となるかの判断基準としては不明確な点があり、その点の補充も必要である。

定義の中核部分は、「本邦の域外にある国又は地域の出身であることを理由として、本邦外出身者を地域社会から排除することを煽動する不当な差別的言動」であり、その例示として脅迫型と侮蔑型が示されている。他方、「〇〇人が日本を支配している」「〇〇人は日本の敵だ」「〇〇人が井戸に毒を投げた」というような、脅迫型ではなく、侮蔑型とも言いがたいが、敵意、憎悪を煽り、ヘイトクライムにつながる典型的なヘイトスピーチがふくまれるか否かは、条文上からは一見して明らかとは言えない。

また、人種差別撤廃委員会から、「全ての者に対するヘイトスピーチが適切に対象に含められ、民族的マイノリティに属する者への十分な救済措置の提供が確保されるよう、ヘイトスピーチ解消法を改正すること」（2018年総括所見、14パラグラフ〔a〕項）と勧告されている。

本来、人種差別撤廃条約上、規制対象を言動だけでなく、すべての人種差別に広げることは必須である。

以上より、国際人権法上、ヘイトスピーチ解消法の枠組みを超える改正が求められているので、解消法の改正ではなく、端的に、本来求められている包括的な人種差別撤廃法を制定するほうがより適切と考える。

条例における差別的言動の禁止

他方、2016年6月の解消法施行後、解消法第2条の定義にあたるものなどの差別的言動の禁止規定が整備された条例制定が進んできたことも、解消法の改正ないし差別禁止法制定を促す法的根拠となることは注目すべきである。

差別的言動についての禁止条項がある条例を施行された順番で見ていこう。なお、「大阪市ヘイトスピーチへの対処に関する条例」[*2]（2016年7月完全施行）、「東京都オリンピック憲章にうたわれる人権尊重の理念の実現を目指す条例」[*3]（2019年4月完全施行）などの、差別的言動についての措置がさだめられていても、明確な禁止条項がない条例、また、「国立市人権を尊重し多様性を認め合う平和なまちづくり基本条例」[*4]（2019年4月1日施行）のように、差別的言動を区別せずに差別・暴力などを包括的に禁止している条例や理念条例はここには挙げていない。

（ア）〔香川県〕「観音寺まちなか交流駐車場の設置及び管理に関する条例」（2017年4月1日施行）および「観音寺市公園条例」改正（2017年6月30日）[*5]

①「観音寺まちなか交流駐車場の設置及び管理に関する条例」

第7条（禁止行為）　2項　駐車場内では、次に掲げる行為を禁止する。
7号　人種等の共通の属性を有する不特定多数の者に対して、当該属性を理由として不当な差別的取扱いをすることを助長するおそれのある行為

②「観音寺市公園条例」

第5条（行為の禁止）　公園においては、次に掲げる行為をしてはならない
8号　人種、国籍その他の出自を理由とする不当な差別的取扱いを誘発し、又は助長するおそれのある行為をすること。

（イ）「大阪府人種又は民族を理由とする不当な差別的言動の解消の推進に関する条例」（2019年11月1日施行）

第2条（定義）「人種又は民族を理由とする不当な差別的言動」とは、人種若しくは民族に係る特定の属性を有する個人又は当該個人により構成される集団（以下「特定人等」という。）に対する憎悪若しくは差別の意識又は暴力をあおる目的で公然とその生命、身体、自由、名誉若しくは財産に危害を加える旨を告知し、又は特定人等を著しく侮蔑するなど、特定人等であることを理由として特定人等を社会から排除することを扇動する不当な差別的言動をいう。

第7条（不当な差別的言動の禁止）　何人も、人種又は民族を理由とする不当な差別的言動をしてはならない。

（ウ）〔神奈川県〕「川崎市差別のない人権尊重のまちづくり条例」（2020年7月1日完全施行）

第12条（本邦外出身者に対する不当な差別的言動の禁止） 何人も、市の区域内の道路、公園、広場その他の公共の場所において、拡声機（携帯用のものを含む。）を使用し、看板、プラカードその他これらに類する物を掲示し、又はビラ、パンフレットその他これらに類する物を配布することにより、本邦の域外にある国又は地域を特定し、当該国又は地域の出身であることを理由として、次に掲げる本邦外出身者に対する不当な差別的言動を行い、又は行わせてはならない。

1号 本邦外出身者（法〔筆者注――ヘイトスピーチ解消法〕第2条に規定する本邦外出身者をいう。以下同じ。）をその居住する地域から退去させることを煽動し、又は告知するもの

2号 本邦外出身者の生命、身体、自由、名誉又は財産に危害を加えることを煽動し、又は告知するもの

3号 本邦外出身者を人以外のものにたとえるなど、著しく侮辱するもの

（エ）「鳥取県人権尊重の社会づくり条例」（改正、2021年4月1日施行）

第7条（差別のない社会づくりの推進） 何人も、職域、学校、地域、家庭その他の様々な場において、第1条に掲げる事由（筆者注――「人種、国籍、民族、信条、年齢、性別、性的指向、性自認、障がい、感染症等の病気、職業、被差別部落の出身であることその他の事由」）を理由とする次に掲げる行為（インターネットを通じて行う行為を含む。以下この条において「差別行為」という。）

をしてはならない。
1号　誹謗中傷、著しく拒絶的な対応、不当な差別的言動その他の心理的外傷を与える行為

（オ）〔宮崎県〕「木城町多様性を認め合い他者を思いやる差別のない社会を推進する条例」（2021年3月18日施行）

第3条（定義）
6号　ヘイトスピーチ　特定の国の出身者又はその子孫である人々を誹謗中傷し、日本社会から排除しようとする差別的言動
第7条（権利侵害の禁止）　何人も、家庭、職場、学校、地域その他社会のあらゆる場面において、次の各号に掲げる行為を行ってはならない。
3号　ヘイトスピーチ

（カ）〔神奈川県〕「相模原市人権尊重のまちづくり条例」（2024年10月までに完全施行予定）

第21条（本邦外出身者に対する不当な差別的言動の禁止）（川崎市条例第12条と同文）

（キ）〔東京都〕「渋谷区人権を尊重し差別をなくす社会を推進する条例」（2024年4月1日施行）

第26条（不当な差別的言動の禁止）　何人も、本邦外出身者に対する不当な差別的言動の解消に向けた取組の推進に関する法律（平成28年法律第68号）第2条に規定する不当な差別的言動を

してはならない。

もっとも近時に制定された渋谷区の条例では、ストレートに、解消法「第2条に規定する不当な差別的言動」を「してはならない」と定めていることが注目される。渋谷区には特にヘイトデモ・街宣が多いとの事情はないが、解消法に規定するヘイトスピーチについて、自明のこととして禁止している。

解消法の制定と運用、川崎市、京都府・京都市などのヘイトスピーチ目的での公共施設の利用制限、*6本件判決などのいくつかの差別的言動を違法とする判例の集積など、ヘイトスピーチは違法との社会的合意ができてきたことの現れとも言えよう。

2 人種差別撤廃基本法

これまで見てきたように、ヘイトスピーチ解消法改正にとどまらず、国際人権諸条約からも、差別の実態からも、包括的な人種差別撤廃政策とそれを法制化する人種差別撤廃基本法および差別を規制する実効性ある差別禁止法制定が喫緊の課題である。

法律の形式としては、障害者基本法と障害者差別解消法のように、基本法と禁止法とを分ける形式もあるが、「川崎市差別のない人権尊重のまちづくり条例」のように、基本法と禁止法とを一体化する形式もある。

どちらの形式でも、内容の柱となるのは、国連人種差別撤廃委員会がくり返し指摘するように、禁止規定である。そして禁止規定が実際に守られるために、また、守られなかった場合に被害者が救済されるために、救済規定とそれを運用する政府から独立した専門的な人権救済機関が不可欠である。

基本法の内容

まず、人種差別撤廃基本法に不可欠の要素を見ていこう。なお、これは地方公共団体における人種差別撤廃基本条例にもあてはまる。

はじめに、法律の名前に、「人権」一般とあいまいにせず、「差別」との文言をふくめて差別をなくす姿勢を示すこと、前文もしくは第1条に、深刻な差別があるとの立法事実を明示し、それをなくすことを目的とすると明記することが適切である。

たとえば、「東京都オリンピック憲章にうたわれる人権尊重の理念の実現を目指す条例」では、名称に「差別」との文言はなく、解決すべき差別があるとの立法事実も示さず、目的も「人権尊重の理念が広く都民等に一層浸透した都市となること」となっており、差別をなくすこと自体を目的としていない。条例ができても差別がなくなっていないではないか、と批判されたときに対する言い訳を最初から準備している逃げの姿勢が露わである。川崎市の「川崎市差別のない人権尊重のまちづくり条例」とは、名称からその本気度の違いが明らかである。

また、前文ないし第1条の「目的」には、人種差別撤廃条約をはじめとする国際人権諸条約の理念にもとづくことを入れることが重要である。それにより、法律が国際人権諸条約の履行として位置づけられ、諸条約が解釈基準となるからである。たとえば、ヘイトスピーチ解消法の審議の際、外国人人権法連絡会などNGOが強く求め、附帯決議に人種差別撤廃条約の趣旨との文言が入ったことが、川崎市の上乗せ条例制定など、その後の解消法の解釈・運用に役立った。

さらに差別の定義規定があることも重要である。差別をなくすためには、誰もがなにが差別かを知ることが前提となるから、それを明確にわかりやすく示す必要がある。日本は、人種差別撤廃委員会など国連人権監視諸機関から、くり返し、差別の定義規定を置くよう勧告されている。[*7]

差別の定義

差別の定義については、日本が加盟している人種差別撤廃条約[*8]、女性差別撤廃条約[*9]、障害者権利条約[*10]に共通のほぼ同内容の「差別」の定義規定がある。日本では、憲法第98条2項の解釈として、加盟した条約は自動的に日本の国内法となると理解されている。よって、これらの条約は六法全書に掲載されている。なので、すでに日本の国内法には人種差別、女性差別、障害者差別の定義があるのだから、それを差別の定義のベースとするのが適切である。

国連人権高等弁務官事務所が2022年に発表した「包括的反差別法制定のための実践ガイド」[*11]（以下、国連ガイド）でも差別の定義について、これらの条約の定義をベースとして、「差別とは、1つまたは複数の保護される差別事由に基づくあらゆる区別、排除または制限であって、平等の立場での人権および基本的自由を認識し、享有しまたは行使することを妨げもしくは害し、または法律により規律されるあらゆる生活領域における平等な参加を妨げる目的または効果を有するもの、と定義できるであろう。」（24ページ）とされている。

なお、差別事由が2つ以上となる複合差別は、単独の事由の場合よりも深刻な差別の対象となり、特別の対策が必要であることは現実で明らかである。たとえば、本書の崔さんのように、在日コリアンでありかつ女性である場合、在日コリアン男性と比較にならないほどの大量のネットヘイトの対象となっている。前述の国連ガイドでも「国連の人権条約機関の間では、無差別に対する権利を実効的に保護するためには、複合差別の禁止、つまり、複数の事由による差別の禁止が必要であるという明確なコンセンサスが形成されている」と指摘されている。最初の定義規定のところで明記し、対策の対象とすることが望ましい。

基本原則と国・地方の責務

基本原則としては、まず、差別禁止条項を柱とすべきである。職場、学校、地域などの社会のあらゆる分野において差別が撤廃されるべきことは人種差別撤廃条約第1条の求めるところである。

また、差別の被害をこうむり、かつ、その存在や意見が見えなくされてきたマイノリティが差別撤廃政策を決める場に参加すべきことなど、その意見が尊重されることを明記すべきである。障害者権利条約が世界の障害者の運動の成果として2006年に成立した。そこでの合言葉「わたしたちのことをわたしたち抜きで決めないで（Nothing about us without us）」は国際人権基準として共通認識となった。*12

同様に、軽視されてきたマイノリティの文化、言語、歴史などのアイデンティティを尊重すべきであり、同化政策とならないよう注意すべきことも基本原則に掲げるべきである。

また、差別撤廃のために国連などと国際協力すべきことは、*13 国際人権基準に見合う解釈、運用を確保するためにも重要である。

そのうえで、国、地方公共団体という公的機関が、これらの基本原則にのっとって、差別撤廃のために総合的に政策を策定し、実施する義務を負うことを明記すべきである。そのため、基本方針を定め、その方針を実際に実現するための基本計画を定め、その推進状況を毎年議会に報告する義務を明記すべきである。政策を実施するための財政上その他の措置をとる義務も必須である。これらはたとえば障害者基本法では総則の第10条から第13条に明記されている。さらに国連ガイドは、あらゆる公的意思決定において、平等が実現するよう配慮する義務（主流化義務）を求めており、注目すべきである。

他方、市民が人種差別撤廃について果たすべき法的責務については原則として努力義務となるが、企業の社会的責任の大きさおよび企業内外でのハラスメント防止の観点から、より重い責務を果たすべきことが定められるべきである。この点、障害者差別解消法では、２０２４年に、事業者の「合理的配慮の提供」が「努力義務」から「法的義務」と改正されたことが参考になる。

基本的な政策〜教育・啓発・交流

基本的な政策としては、人種差別撤廃条約第７条が求めている「人種差別につながる偏見と戦い、諸国民の間及び人種又は種族の集団の間の理解、寛容及び友好を促進し並びに国際連合憲章、世界人権宣言、あらゆる形態の人種差別の撤廃に関する国際連合宣言及びこの条約の目的及び原則を普及させる」ため、「特に教授、教育、文化及び情報の分野において、迅速かつ効果的な措置をとる」ことが柱となる。

教育においては、国および地方公共団体が、人種差別撤廃条約をはじめとする国際人権法の諸規定、差別とはなにか、その加害と被害の歴史と現状、マイノリティの歴史、文化、言語の教育などについての学校教育・社会教育を提供することが不可欠である。

そのためには、学校教育では教員自身が差別をなくす担い手となれるよう、教職課程に科目として差別撤廃教育を入れることが必要である。

また、差別撤廃の第一の責任を担う公務員に対する教育が重要であり、国会議員をふくめた全公務員に定期的な反差別研修をおこなうべきである。とりわけ裁判、検察、警察、収容、入管等の業務については、人種差別をおこなった場合の被害の大きさから特に研修が重要である。2018年の日本審査における人種差別撤廃委員会の総括所見第14パラグラフで具体的な勧告が出されている。*14

啓発としては、首相、首長などが先頭に立ち、メディアの協力も得て、日常的、定期的に反差別のキャンペーンをおこなうことが必要である。それとは別に、事故、事件、災害などが発生した緊急時には、かならず「○○人が犯人」などの差別的なデマが拡散されることから、速やかに、首相、法務大臣、首長などが、差別的なデマを大々的に批判し、その悪影響を止める必要がある。ターゲットとされたマイノリティを守り、ヘイトクライム、ジェノサイドを阻止するために不可欠である。「差別を解消し、人権が尊重される三重をつくる条例」(2022年5月19日成立)のように行政のトップの法的義務として明記すべきである。*15

交流では、さまざまな民族などのあいだの友好関係の発展および差別の撤廃のため、多様な文化、生活習慣などに関する適切な情報の提供、相互の交流の促進のための施設を設置することが望ましい。

たとえば、川崎市は、日本人と在日外国人が、人権尊重の精神にもとづき、差別をなくし、ともに生きる地域社会をつくっていくことを目的として、「川崎市ふれあい館」を条例により設置した(1988年)。そこは国籍、民族などにかかわらず、地域の子どもたちから高齢者まで安心してともに遊び、学べる居場所となっている。常時、人権や多文化を学ぶカリキュラムが提供され、また、地域の市民のサークル活動などの交流拠点でもある。

2020年1月、同館に、「在日韓国朝鮮人をこの世から抹殺しよう」など書かれた脅迫年賀状が届き、ヘイトクライムの標的になったとき、地域の町内会長が先頭に立ち、連日ふれあい館の見回りをおこない、川崎市に警備を要請した。[*16] 同館がおこなってきた、差別をなくし、ともに生きる地域社会を築くとりくみが実を結んだ証しである。各地方公共団体でこのような常設の差別をなくしていくための交流施設がつくられることは大変有効であり、国が支援すべきである。

国および地方公共団体がマイノリティの文化、言語を守る活動や差別を撤廃する活動などをおこなう民間団体と協力し、また、活動促進のための支援をおこなうことも意義がある。

また、基本的政策を策定、運用、改善していくための判断材料として、国が定期的に、人種差別の実態に関する調査をおこない、結果を国会に報告、公表することも重要である。その際、インターネットにおけるヘイトスピーチの悪影響が大変大きいことから、インターネット事業者の協力を得て、ネット上の人種差別および複合差別の実態についても対象とすべきである。

3 人種差別禁止法と国内人権機関

人種差別撤廃法のうちもっとも重要なのは、差別を禁止して、違反した場合にはなんらかの制裁を課すことにより差別を抑止し、差別の被害者が法的な救済を受けることのできる制度である。

差別禁止については、違法として制裁を課す以上、どのような行為をしてはならないのか、明確な規定を置くことが不可欠である。特に差別的言動の場合には、権力による恣意的な運用を防ぐため、できるかぎり具体的な規定を置くことが重要である。

禁止規定の仕方は前述の国連ガイドが詳細に定めており、大変参考になる。

まず、行為の類型別に、差別的取扱い、差別的言動を区別した規定が必要である。

差別的取扱いについては、採用、労働条件その他の労働関係、団体への加入、医療、社会保障、教育、物品の販売、役務の提供などの分野を例示し、あらゆる社会生活の分野において、人種等を理由とする差別的取扱いを禁止する規定を置くべきである。

差別的言動については、特定の人に対する人種等を理由とする言動を禁止する規定と別に、不特定の者に対する言動を類型化した規定を置くことが適切である。東京弁護士会の「人種差別撤廃モデル条例案」[*17]（2018年）や日本弁護士連合会の「人種等を理由とする差別的言動を禁止する法律の制定を求める意見書」（2023年）が参考になる。たとえば次の類型が考えられる。

①著しい侮辱
②虚偽の風説を流布し、または偽計を用いて、貶め、または否定的な評価をもたらすもの
③生命、身体、自由、名誉または財産に対して危害を加えることの告知または助長
④居住する地域社会から排除することの告知または助長
⑤差別的意識をあおりまたは誘発することを目的とする人種等を理由とする差別的言動であって、ある者たちが特定の属性を有することを容易に識別できる氏名、地名その他の情報を頒布、

掲示またはこれらに類する方法により公然と摘示するもの

⑥人種等を理由とする差別的取扱いをおこなうことを表示し、または助長する言動

形態別の差別の禁止

行為類型とは別に、あらゆる形態の差別を禁止していることを明示し、抜け道を阻止することが必要である。具体的には、直接差別（差別事由を理由として不利益を与えること）のほか、下記のような形態の差別もふくむことを示すことが国連ガイドで求められている。

①間接差別——差別事由以外を理由とする措置・基準であるが、マイノリティに対し、それ以外の者と比較して、合理的な理由なく実質的に不利益を与えること

②合理的な配慮の不提供——マイノリティが人権および基本的自由の享有または行使ならびに平等な参加をするための変更、調整もしくは支援を必要とし、それを必要としているマイノリティが現に存し、かつ、その実施にともなう負担が過重でないときに提供しないこと

③ハラスメント——差別事由に関連した意に反する行為がおこなわれ、それが人の尊厳を侵害し、その人に対し威圧的、敵対的、品位を傷つける、屈辱的、または攻撃的な環境をつくり出す目的または効果をもつ場合

④みなし差別[*18]——ある人が実際にはマイノリティに属していないが、属しているとみなし不利益を与えること

⑤関係者差別――ある人が、マイノリティの関係者であることを理由として不利益を与えること

また、差別の被害者もしくはその関係者が差別を訴える手続きをとることにより不利益を与えること（報復もしくは被害者化）も、禁止すべきとされている。

なお、形式的に禁止規定にあたる場合でも、マイノリティの平等な人権および基本的自由の享有または行使を確保し促進することを目的としておこなわれる行為はあたらないとの例外規定を置くべきである（人種差別撤廃条約第1条4項および第2条2項）。

救済手続きと国内人権機関

差別禁止法における、禁止規定とならぶもうひとつの柱が救済規定である。禁止規定のみだと、被害者にとって差別の防止、救済は絵にかいた餅になる危険性が高い。結局負担の大きい通常の民事裁判が必要となるからである。差別禁止規定を実効性あるものにするための救済規定は、被害者救済の観点から、民事、行政、刑事手続きなど多様な法制度を設けることが望まれる。

ここでは、外国人人権法連絡会が、2024年4月に発表した人種差別撤廃法モデル案[*19]で提案している仕組みを紹介する。[*20]救済手続きの中心機関が、人種差別撤廃を任務とする、政府から独立した人権機関である「人種差別撤廃センター（仮称）」（以下、「センター」）である。

独立性の確保のため、同モデル案では、内閣府設置法第49条第3項の規定にもとづいて、いわ

ゆる3条委員会として内閣府の外局として設置することを提案している。3条委員会とは、国家行政組織法第3条にもとづく委員会、およびこれと同様の権限をもつ内閣府設置法にもとづき設置された委員会である。日本の行政機関としてもっとも独立性が高く、大臣などから指揮監督を受けず、それ自体として、意思を決定し、外部に表示することができる行政機関である。公正取引委員会や個人情報保護委員会などがこれにあたる。

センターは人種差別撤廃政策を総合的に推進するため、具体的には左記を担当するとされている。

①法制度の整備、政府基本方針の策定及び推進をはじめとする国への提言に関すること。
②人種差別の被害者の救済に関すること。
③国の施設の利用制限に関する調査と提言に関すること。
④国の人種差別撤廃政策についての広報及び啓発に関すること。
⑤人種差別の撤廃のための教育に関すること。
⑥公務員等に対する人種差別の撤廃のための研修に関すること。
⑦人種差別的言動及び差別犯罪の防止に関すること。
⑧前各号に掲げる事務を行うために必要な調査及び研究に関すること。
⑨人種差別の撤廃に取り組む民間団体との協力に関すること。
⑩前各号の事務に係る国際協力に関すること。
⑪前各号に掲げるもののほか、法律（法律に基づく命令を含む。）に基づき委員会に属させられた事務

人権機関の構成

差別の被害者救済機能を実質的に果たせるかどうかの鍵は、誰が委員および事務局スタッフになるかである。たとえば、センターの中央組織の委員は8名とされているが、委員は、人種差別についての専門的な知識経験を有する弁護士、人種差別について研究する国際人権法学者、人種差別について継続して報道してきた報道関係者などをふくみ、かつ、人種などに係るマイノリティが3名以上、また、性的指向もしくは性的アイデンティティまたは障害に関するマイノリティがふくまれ、日本国籍を有することを条件としないこと、男性および女性の一方が3分の2を超えないよう規定されている。

また、実働を担うセンターの事務局も、人種差別の撤廃に関する専門的な知識経験を有する者のうちから任命すること、そのうち3分の1以上は弁護士とすること、日本国籍を条件としないこととされている。

人権機関による救済手続き

差別の被害者が、センターに救済を申し立てる手続きは次のようになっている。

被害者とその親族は、センターに対し申請できる。なお、不特定の集団を対象とする差別的言動については、当該属性を有する個人および団体が申請できる。

センターは、差別行為をした疑いがある者に対し事情聴取をすることができる。また、なんらかの措置をとる場合には、その者に事前に反論する機会を与えなければならない。

差別行為がおこなわれたと認めた場合は、指導、勧告その他の差別行為を是正するために必要な措置を講ずることができる。また、それらの内容を公表するが、差別行為をおこなった者の氏名公表は、特に必要性がある場合に限られる。

たとえば、家主が、申請者が外国籍者ゆえに入居を断ったと判断される場合、センターは差別行為と認定し、家主に対し、入居を認めるよう、もしくは申請者が別の住居にすでに入居している場合には、経費や慰謝料を支払うよう勧告することなどが是正措置として考えられる。

ただし、是正措置には強制力がないので、したがわない場合には、申請者が差別禁止規定違反として民事裁判を提訴するかどうかを検討することになる。

この点、差別禁止規定違反の場合の民事裁判について、同モデル案は、被害者の立証責任を転換する規定を置いている。差別が疑われる一応の立証を被害者がおこなえば、それが差別でなかったことを加害者とされる側が立証しなければならない。

とすると、加害者とされる側がセンターの勧告にしたがわず、民事裁判となった場合でも、センターが差別と認定し、勧告を出している以上、被害者側による一応の立証として認められ、加害者とされる側が差別でないことを立証する責任を負うことになろう。

センターは、調査にもとづき、1年以内に結論を出さなければならない。

なお、イギリスなど他の国の人権機関では、このような場合、被害者に代わり、または代理人として人権機関が民事裁判を提訴したり、被害者を支援したりするところもある。そのような仕組みも検討する価値があるだろう。

悪質な場合は刑事制裁

同モデル案は、同じ人物による差別行為が何度もくり返される悪質な場合については、川崎市差別のない人権尊重のまちづくり条例と類似の警告、命令、氏名公表と刑事罰の制度を提案している。

すなわち、差別行為をしたと認定された者が、さらに差別行為をおこなうおそれがあるときは、センターは差別行為をしてはならないと警告を出すことができる。その警告にしたがわずにさらに差別行為をした者に対して、再度差別行為をするおそれがあると判断される場合には、差別行為をしないよう命令を出すことができる。

このような警告、命令にもかかわらず3度目の差別行為をおこなった者については、3年以下の拘禁刑または100万円以下の罰金が定められ、センターが刑事告発をする仕組みとなっている。

川崎市の条例では50万円以下の罰金のみであるのに比してかなり重くなっているが、多くの国のヘイトスピーチ刑事規制では、おおむね2年から5年程度の拘禁刑および罰金となっており、かつ、3度もくり返す悪質な場合であることから、妥当と考える。

他方、諸外国の法制度と異なり、刑事手続きにいたる前に、人権問題の専門家からなる第三者機関が慎重に差別かどうか判断し、かつ、3回くり返した場合に限定し、とりわけ権力による表現の自由規制の濫用を防ぐ仕組みとなっている。

慎重すぎるとの懸念もあるが、実際、同様の仕組みをもつ川崎市の条例は、抑止の効果をあげている。差別事案ではないが、政治家に対するヤジ規制など、権力による過度の表現規制の事件があり[*21]、また、アメリカ憲法学の影響から法学者が現在も表現規制にきわめて慎重な日本の現状から、このような慎重な仕組みから出発せざるをえないだろう。まずは一刻も早く、差別禁止と刑事規制をふくむ実効性ある救済手続き法制度を発足させることが重要である。

4 その他の重要な法制度

以上のほか、特別の対策としてネット上のヘイトスピーチ規制、ヘイトクライム対策が必要である。また、国際人権法上要請されている個人通報制度の導入も不可欠である。さらに、国のみならず、地方における反人種差別条例も重要である。

ネット上のヘイトスピーチ

ネット上のヘイトスピーチについては、ほとんどが匿名でなされ、行為者を特定するためにはプロバイダから情報提供を受ける必要があること、削除するためにもプロバイダの協力が不可欠であることなどから、差別禁止法一般ではなく、プロバイダの法的責任を定める特別法が必要である。

プロバイダ責任制限法が2021年に改正され（2022年10月施行）、新たな非訟手続きが設けられ、コンテンツプロバイダとアクセスプロバイダへの開示請求をひとつの手続きでおこなうことも選択できるようになり、開示される情報も拡大され、手続きが多少迅速化した。しかし被害者が何十万円もの費用をかけて、開示請求手続きをおこなわなければならない点は変わらず、また新制度に応じない海外企業もある。

もとより、プロバイダが発信者情報を保存する法的義務がなく、通常3か月か6か月程度で削除されてしまうので、裁判をおこなっても、業者から情報を保存していないと言われ無駄となることも多い。

ネットの書き込みが1件でも大変だが、崔さんのように、匿名でネット上に大量の書き込みがなされた場合（いわゆる炎上、ネットリンチ状態）、被害者がすべてに対し裁判を起こすのは現実的に不可能である。

2024年5月には、プロバイダ責任制限法が改正され、「情報流通プラットフォーム対処法」となった。インターネット上のプラットフォームサービスにおける誹謗中傷・人権侵害に対し、事業者の自主的なとりくみを規定し、当該情報に対処することを目的とした法律であり、一歩前進とは評価できる。

しかし、あくまで事業者の自主的なとりくみによるものであり、被害者が救済されるためには裁判などを提訴しなければならないことには変わりがない。

なにより、現在は差別禁止法がないことから、差別書き込みがあってもそれが差別であり違法との法的基準があいまいなままプロバイダの判断に委ねており、国が「差別を禁止し、終了させる」責任を果たしていない。プロバイダに違法情報の管理責任を負わせるためにも、差別書き込みが違法であることを明確にすることが必要不可欠である。

また、救済手続きも、被害者個人の負担を軽減すべく、裁判によらない公的な対処が求められる。ただし、権力が直接表現規制をおこなうのは表現の自由の過度の規制となる危険性がある。そこで、政府から独立した専門的な第三者機関が救済手続きに関与することが適切である。たとえば前述の、外国人人権法連絡会のモデル法案では、センターがインターネットを通じて差別行為がおこなわれたと認めた場合に、当該差別行為の行為者が不明であるときは、インターネット事業者に対し、当該差別行為に係る発信者情報その他個人識別のための情報の開示を求めることができると定められている。

また、弁護士、研究者らによる「ネットと人権法研究会」は、政府から独立した専門的な機関「インターネット人権侵害情報委員会」を設置し、被害者がそこに申請すれば、同委員会が差別かどうか判断し、プロバイダに削除要求などする仕組みを提案している。[*22]

ヘイトクライム規制と個人通報制度

差別的動機にもとづくヘイトクライムについては、国が包括的なヘイトクライム対策を策定し、刑事規制をおこなうべきである。

具体的には、まず政府がヘイトクライムの根絶に向けた対策をとることを宣言し、政府内にヘイトクライム対策担当部署を設置するなど、どのようにヘイトクライム対策を国が作成し、実行していくべきかについては、外国人人権法連絡会が2022年4月に公表した「ヘイトクライム対策の提言」が参考になる。[*23] ヘイトクライムも人種差別の一形態であることから、人種差別撤廃法がその対策の柱となる。

また、人種差別撤廃条約第14条の定める個人通報制度の導入を受諾すべきである（第2章参照）。それによって、裁判所は、判決の際に、後日個人通報制度によって、人種差別撤廃委員会が、判決が人種差別撤廃条約違反かどうか判断される可能性があることを意識せざるをえなくなり、国際人権基準が判決に反映される可能性が高くなることが期待できる。

反人種差別条例の制定

本章では、本来国が人種差別撤廃政策と法制度を整備すべきとの観点から、主に国に要請されることを検討してきた。

他方、人種差別撤廃条約は、政府、国会、裁判所という国の機関のみならず、地方公共団体においても差別を禁止し終了させるなど、条約上の義務を求めている。よって、国の法整備を待つことなく、各地で反人種差別条例を制定していくべきである。住民の人権と安全を守るべきことから、特にヘイトデモや街宣がおこなわれたことのある地域では、川崎に続く実効性ある反差別条例制定は緊急の課題である。２０２３年夏以降、埼玉県の川口市・蕨市中心に居住するクルド人に対し、毎月のようにヘイトデモ・ヘイト街宣がくり返され、ネット上でも連日ヘイトスピーチが投稿されている。クルドの人々は日々苦痛と恐怖のもとに置かれ、住民間に偏見が蔓延し、ヘイトクライムも発生する大変危険な状態となっている。実効性あるヘイトスピーチ規制条例が急務である。

また、ヘイトデモや街宣がない地域でも、インターネット上のヘイトスピーチは全国共通であり、どこの地方に住んでいるマイノリティの住民も被害を受けている。また、解消法の衆参両法務委員会における附帯決議でも国と地方公共団体にインターネット上のヘイトスピーチ対策を求めていることから、いずれの地方公共団体においても、ヘイトスピーチ規制をふくむ反人種差別条例制定が必要である。

このような各地での反人種差別条例の制定は、国の法整備を動かす大きな原動力ともなる。

一刻も早く差別撤廃制度の実現を

以上、日本の現状から出発し、国際人権基準に照らし、緊急に求められている人種差別撤廃法制度を概観してきた。

なにより重要なのは、これらの法制度の提案を研究や議論の対象として終わらせるのではなく、一刻も早く実現し、差別の被害者の苦痛、恐怖を取りのぞき、生きる希望をもてる社会をつくることである。

崔さんをはじめ、何人もの差別の被害者が声をあげ、これまで心身をぼろぼろにする犠牲を払い、反差別法制度を前進させる法的根拠となる判例を一歩ずつ勝ちとってきている。それらを活かし、法制度を実現するのに先頭に立つべきなのは、参政権を有し、また、日夜人種差別に苦しめられずに済んでいるわたしたちマジョリティである。

人種差別撤廃法、国内人権機関そして個人通報制度の実現は、日本で差別被害当事者をはじめとして、差別に反対し平等を求める人々が何十年も求めつづけてきたものである。その実現は簡単ではない。しかし、ヘイトスピーチ解消法も、川崎市反差別条例も、崔さんたち差別の被害者をはじめとする多くの人たちがあきらめず、あるを尽くし、創意工夫を凝らし、協力してとりくむことにより、実際に実現することができたのである。

新たな人種差別撤廃法制度といっても、本来国際人権法上整備しなければならない内容であり、すでに多くの国では実現しているもので、日本で実現できないはずがない。

また、NGO「反差別国際運動」がおこなっている包括的反差別法制定のための国連ガイドの活用の連続キャンペーンにより、国籍・民族差別、部落差別のみならず、女性差別、障害者差別、性的マイノリティに対する差別などにとりくむ人々がつながり、包括的な反差別法制定を求める動きも高まっている。包括的反差別法制定と、個別の差別事由に対する人種差別撤廃法制度の実現は二者択一ではなく、差別根絶のために両者とも必要であり、相互に制定を促進する相乗効果をもたらすものである。

本書が、反差別法制度の実現に寄与することを心から願う。

【注】

＊1　第2章注＊30参照。

＊2　大阪市ウェブサイト参照。https://www.city.osaka.lg.jp/shimin/page/0000437100.html

＊3　東京都ウェブサイト参照。https://www.soumu.metro.tokyo.lg.jp/10jinken/sesaku/sonchou/jyourei.html

＊4　国立市ウェブサイト参照。「第3条　何人も、人種、皮膚の色、民族、国籍、信条、性別、性的指向、性自認、しょうがい、疾病、職業、年齢、被差別部落出身その他経歴等を理由とした差別（以下「不当な差別」という。）を行ってはならない。」
https://www.city.kunitachi.tokyo.jp/soshiki/Dept01/Div01/Sec03/gyomu/0373/0374/1552625272645.html

＊5　「観音寺市ヘイト〝NO〟県内唯一、条例制定　時代読み、職員ら条文追加／香川」（『毎日新聞』２０１９年10

月12日)。

*6 京都府ウェブサイト「京都府公の施設等におけるヘイトスピーチ防止のための使用手続に関するガイドライン」等参照。師岡康子「川崎市によるヘイトスピーチへの取組――公の施設利用制限と反差別条例素案」(『別冊法学セミナー13 ヘイトスピーチに立ち向かう――差別のない社会へ』2019年)。

*7 総括所見の日本語訳は外務省ウェブサイト「人権外交」のページの人種差別撤廃条約の項で紹介されている。

*8 「第1条 この条約において、『人種差別』とは、人種、皮膚の色、世系又は民族的若しくは種族的出身に基づくあらゆる区別、排除、制限又は優先であって、政治的、経済的、社会的、文化的その他のあらゆる公的生活の分野における平等の立場での人権及び基本的自由を認識し、享有し又は行使することを妨げ又は害する目的又は効果を有するものをいう。」

*9 「第1条 この条約の適用上、『女子に対する差別』とは、性に基づく区別、排除又は制限であって、政治的、経済的、社会的、文化的、市民的その他のいかなる分野においても、女子(婚姻をしているかいないかを問わない。)が男女の平等を基礎として人権及び基本的自由を認識し、享有し又は行使することを害し又は無効にする効果又は目的を有するものをいう。」

*10 「第2条 『障害に基づく差別』とは、障害に基づくあらゆる区別、排除又は制限であって、政治的、経済的、社会的、文化的、市民的その他のあらゆる分野において、他の者との平等を基礎として全ての人権及び基本的自由を認識し、享有し、又は行使することを害し、又は妨げる目的又は効果を有するものをいう。障害に基づく差別には、あらゆる形態の差別(合理的配慮の否定を含む。)を含む。」

*11 反差別国際運動のウェブサイトに日本語訳が紹介されている。https://imadr.net/guide_antidiscrimination_japanese/

*12 文部科学省「障害者制度改革の推進のための基本的な方向(第一次意見)」参照。

*13 他の差別に関する基本法には規定されている。たとえば「男女共同参画社会基本法」には次の規定がある。(国際的協調)「第7条 男女共同参画社会の形成の促進が国際社会における取組と密接な関係を有していることにかんがみ、男女共同参画社会の形成は、国際的協調の下に行われなければならない。」

*14 日本審査の結果の各総括所見の日本語訳は外務省ウェブサイト参照。

＊15　「県は、災害その他緊急事態の発生時において人権侵害行為を防止し、及び人権を尊重するため、災害その他緊急事態の発生時における人権侵害行為を助長し、又は誘発するおそれのある風説の流布の防止のための対策その他の必要な措置を講ずるものとする」（第24条）。

＊16　「ヘイト脅迫年賀状　地域でふれあい館守れ　町会長『看過できない』」（「タウンニュース」2020年1月30日）。

＊17　東京弁護士会ウェブサイト「各種意見書」のページ参照。

＊18　李嘉永「差別行為の一形態としての『みなし差別』と『関係者差別』」（『近畿大学人権問題研究所紀要』2020年）。

＊19　外国人人権法連絡会ウェブサイト参照。

＊20　地方公共団体における一定の独立性のある人権機関については、相模原市人権施策推進審議会が2023年3月に発表した「(仮称) 相模原市人権尊重のまちづくり条例の制定について（答申）」における人権委員会制度が参考になる。この答申は、諮問した相模原市自身が答申をほとんど反映させない条例を制定したため強い批判を浴びた。しかし公的機関が3年半審議して作成された公的文書であり、他の地方公共団体での人権機関設置でも参考になる。相模原市ウェブサイト「相模原市人権尊重のまちづくり条例」のページに掲載されている。

＊21　『暴力に訴える社会につながりかねない』ヤジ排除、男性逆転敗訴」（「朝日新聞」2023年6月23日）。

＊22　「インターネット上の人権侵害情報対策法モデル案」ネットと人権法研究会ウェブサイト参照。

＊23　外国人人権法連合会ウェブサイト参照。

第6章
「帰れ」ではなく「ともに」

勝訴判決に笑顔の崔江以子さんと中根寧生さん、師岡康子弁護士
（写真提供：石橋学）

崔江以子

「それでは判決を言い渡します。主文1、被告は原告に対し……」

法廷の当事者席で判決を待っていたとき、不安でとなりに座る師岡康子弁護士の手を握りました。判決が言い渡されたときに師岡弁護士の手にギュッと力がこもり、小さくそして強く「よしっ」との声が弁護団からもれました。

「判決の要旨を申し上げます」。桜井佐英裁判長のていねいな説明が法廷に響きます。

「当裁判所は投稿1における記述は、不当な差別的な言動に該当し、原告の人格権を違法に侵害する違法行為であり、2における記述は（中略）原告の名誉感情を違法に侵害する侮辱行為として不法行為に該当すると認定判断しました」

法廷内に響く拍手。弁護団のみなさんの安堵した表情、傍聴に駆けつけてくれたみなさんの笑顔、差別を許さない司法判断の希望の光で法廷が明るく照らされたように感じました。応援に駆けつけてくれていた長男の寧生《ねお》に「オモニよくがんばったね。おめでとう」と声をかけてもらい、一歩先にインターネット上のヘイトスピーチに対して裁判で闘い、人種差別そのものを違法としたうえで、高額な賠償を認めた画期的な判決[*1]を得ていた寧生に続くことができてほっとしました。

「負けなかったよ。続いたよ」。なによりも伝えたかった言葉を紡ぐことができました。

1 隠れコリアンとして、日本人になりたかった

わたしは川崎市の桜本という在日コリアンの集住地域で生まれ育った在日コリアン三世です。わたしが生まれ育った桜本は戦前、臨海部に大規模な工場が誘致され、多くのコリアンがそこで働き、植民地支配下の朝鮮半島から渡日を余儀なくされた人々も、そこに集ってきたところです。戦争で焼け野原になったあとも、同胞を頼りに多くのコリアンたちが桜本やその周辺に暮らすようになりました。

当時、今よりもさらにコリアンに対する就職差別は厳しく、公務員にはなれず、一般企業で働くことも難しく、食べるのにも大変苦労したそうです。わたしのハルモニ（祖母）は、ひもをつけた磁石を引きずり、川崎駅前から、桜本よりもさらに海寄りの池上町まで歩き、鉄くずを集めて生活の糧にしていたこともあり、オモニ（母）もその手伝いをしていたと聞きました。

わたしは子どものころから高校3年生まで通称名を名乗り生活をしていました。

幼少期から家族や親戚の集まりなどで被差別体験をたくさん聞いてきました。たとえば法事で親戚が集まったときに、誰かが「結婚を、相手（日本人）の家族に反対されている」「就職なんだけど就職先がなくて、民族系の金融、銀行とかに紹介でなんとか入れてもらうしかない」との話や、家が借りられない、ローンが組めないという経験談です。

小学校のころ、姉といっしょに登校し、何人かの子どもたちが開門時間前に校門にたどり着いたため、用務員さんが鍵を開けるのを待っていたとき、姉が同級生に「お前のかあちゃん、朝鮮だろう」と嘲笑をふくんだ言葉をぶつけられました。突然の出来事に、姉は黙ってしまいました。わたしは自分を守るために、朝鮮人とばれてしまった姉の近くから離れました。ばれたらわたしも蔑まれると怖かったからです。

同級生にも通称名で通う在日コリアンがいましたし、民族名で通ってきている子もいました。民族名の人は学校でからかいやいじめの対象になっていました。

中学生のときには、民族名で通っている同級生が、他の同級生数人から、執拗に民族名でからかわれていました。

わたしは絶対に朝鮮人であることがばれないよう気を張っていました。ばれて差別を受けて帰れと言われることがないように、からかう側に同調していっしょに言葉にしてしまったことさえあります。

わたしは自分がコリアンであることがすごく嫌でした。親戚などの集まりではお互いがコリアンであることを前提に集まっているからよいのですが、学校ではまったく別の顔で通名で、自分が在日コリアンであることを隠して過ごしてきました。けっしてばれないようにと常に気をつけていました。

中学生のとき、扁桃摘出術のため入院したのですが、保険証には本名が記載されていたため、通名で病院に入院させてほしい、友だちが見舞いにきてくれたら朝鮮人であることがばれてしまうから、とオモニに懇願しました。オモニはそれを否定せず、黙って願いどおりにしてくれました。

家族は日本国籍をとるつもりはまったくないというのはわかっていたので、大人になったら自分で日本国籍を取得しよう、差別をされることのない日本人になろうと思っていました。

2 ふれあい館との出会い

1969年に桜本地域で在日コリアンの子どもに対する幼稚園の入園差別が起こり、地域の教会が母体となって、外国人でも、日本人でも、障害があってもなくても、誰でも入れる桜本保育園を開設しました。

桜本保育園で大切にしてきたことのひとつが、「民族名を呼び名乗ろう」でした。わが子に、自分たちの世代のように出自を隠して生きるのではなく、ありのままで生きてほしい――そんな親たちの思いを受けたものでした。ところが、保育園を出たあと、小学校で子どもたちがその大切にされてきた民族名をからかわれ差別されることがあり、勉強しても朝鮮人はパチンコ屋か焼き肉屋にしかなれない、と思春期の在日の子どもたちが、学びから離れ非行行動に走る姿もありました。子どもたちを支える居場所、地域社会から差別をなくすための施設が必要だと市民が川崎市に働きかけ、川崎市が市民の願いにこたえ、1988年に川崎市が「基本的人権を尊重し共に生きる地域社会の創造に寄与するため」との目的を掲げて、桜本に「川崎市ふれあい館」を条例設置しました。[*2]

高校生のころ、外国人の人権問題にとりくんでいた高校の教員から「ふれあい館に行ってみないか？」とたびたび誘われるようになり、高校3年生のとき、根負けしてその教員といっしょに訪問しました。

ふれあい館では職員同士が「キムさん」「パクさん」と民族名で呼び合い、同世代の高校生たちが「アンニョン」とあいさつをし、日本人の子どもが在日コリアンの子どもを、ごく自然に朝鮮名で呼んでいるのを見聞きして、ただただそれが衝撃で、うらやましく思いました。通ううちに、出自を隠さなければならないときの気持ちなど、これまで他人とは分かち合えなかった話ができる同世代の友だちもできました。次第にふれあい館では、肩の力を入れることなく、自分に嘘をつかずに自然体で過ごすことができるようになりました。その一方で、学校では常にどこか緊張している自分に気がつきました。それが日常だったはずなのに、嘘をつかなくていい場所を知ってしまうと、嘘をつく空間に力が必要になってしまったのです。

そのころ、ふれあい館で開催された、在日コリアン戦傷病者の戦後補償の裁判、援護法の国籍条項についての学習会に参加しました。

朝鮮半島出身の人々は、日本の植民地時代は「日本人」とみなされ、戦時中は日本軍兵士として戦場へと派兵され、戦死したり傷病兵となったりしました。ところが1952年に日本が占領から脱するサンフランシスコ平和条約が発効した際、政府の通達によって朝鮮半島出身の人々は一方的に日本国籍を剝奪され、無権利の外国人とされました。同年に施行された「戦傷病者戦没者遺族等援護法」の付則には「戸籍法の適用を受けない者については当分の間、この法律を適用しない」とあり、日本国内で施行されている戸籍法が適用されない旧植民地出身者は支援の対象外とされてしまったのです。

わたしは原告のハラボジたちの話を聞き、こんなにも理不尽なことがまかり通るのかと、やり場のない怒りがこみ上げました。植民地支配により一方的に「日本人」にされ、「日本人」ゆえに日本の戦争の戦場に兵士として送られ、負傷したのに、戻ってきたら、今度は一方的に「外国人」にされ、「外国人」ゆえに補償を受けられない。同じ戦場で戦い傷ついた日本人は補償が受けられるのに、なぜそんな差別が許されるのかと。

それまでは、出自を隠すのは自分の弱さで、自分が変わらなければいけないと思って生きてきました。でも、この裁判の結果を目の当たりにして、変わらなければならないのは差別をする社会の側ではないかと考えるようになりました。

わたしは差別されるのが嫌で逃げつづけてきたけれども、本当に理不尽な差別を目の前にして、自分の被差別性、揺るがない事実としてわたしは旧植民地出身者で差別されるマイノリティなんだ、あの原告の在日コリアン一世の方々が、あのハラボジたちが自分なんだと自分を見つめることができました。

それで、高校3年生のとき、「えいこ」から「かんいぢゃ」という民族名で生きていくことを決意しました。以来、通称名ではなく、民族名で生活をし、在日コリアンであることを隠すことはやめました。その後、韓国留学を経て1995年にふれあい館に就職しました。若い世代が自分の出自で苦しみ、本名を名乗ることすらできないことがない地域社会をつくろう、貧困と差別で苦労しつづけた在日一世、二世のハルモニ、ハラボジ方が差別されずに地域で生きる場をつくろうというふれあい館への共感と、恩返しの思いからでした。

それから29年間、ふれあい館で働いています。

3 桜本を襲ったヘイトデモとヘイトスピーチ解消法

ふれあい館の職員として、ともに生きる地域社会を実現するための仕事にやりがいをもち、週末や休みの期間の家族とのささやかな余暇を楽しみに生活してきました。日本人の父親と在日朝鮮人の母親をもつわたしの子どもたちは、日本と朝鮮半島にルーツがあることを「ダブル」とポジティブに捉え、日本と朝鮮半島の文化を尊び、違いを豊かさとして大切にしながら生活をしてきました。

そんなわたしたちの生活が脅かされるようになったのは、2013年から川崎駅前でおこなわれていたヘイトデモが、2015年11月にわたしたちの生活の場所桜本地域でおこなわれてからです。

日本のほかの地域では、2010年前後ごろから街頭でヘイトスピーチをともなうデモや街頭宣伝がおこなわれるようになりましたが、川崎市でも、2013年から、駅前でくり返しヘイトデモがおこなわれるようになりました。

2015年11月8日にはついに、ふれあい館のある在日コリアン集住地域の桜本をめざして「川崎発!日本浄化デモ」と題するヘイトデモがやってきました。デモ隊は当日「ゴキブリ朝鮮人」「朝鮮人は空気が汚れるから空気を吸うな」などと叫びながら練り歩きましたが、わたしたち地元住民は、警察に囲まれたデモ隊を前に、沿道から抗議の声を上げることしかできませんでした。警察がデモ隊を守っているように見えた絶望的な光景でした。

2016年1月の桜本をめがけた第2回目のデモでは「ゴキブリ朝鮮人をたたき出せ」「ひとり残らず出ていくまでじわじわじわじわと真綿で首を絞めてやるからよ」などと叫ばれ、わたしも、子どもたちも、地域の人たちもひどく傷つけられました。

差別と貧困のなかで苦労を重ねてこられた地域で暮らす在日コリアン一世や、この社会で生きていく子どもたちが差別で傷つく被害をとめるために、できることはすべてやらなければと思いました。

2016年3月には、ヘイトデモを止めようと、法務局に人権救済を申し立て、また、参議院法務委員会で参考人として意見陳述をしました。わたしの住んでいる地域がヘイトデモのターゲットとなってしまったこと、その恐怖と苦しみを話し、川崎市にヘイトデモをなんとかしてほしいとお願いしたけれど、法律上の根拠がないから対応が難しいと言われたこと、国が差別を止めるよう助けてほしいと話しました。

これらの被害を訴える声が広く報道され、世論が高まり国会の審議を後押しし、この年の5月、「本邦外出身者に対する不当な差別的言動の解消に向けた取組の推進に関する法律」（以下、「ヘイトスピーチ解消法」と言います）が成立しました。

6月5日、ヘイトスピーチ解消法の施行直後、川崎市の中原区で第3回目のヘイトデモがおこなわれようとしましたが、1000人近い人たちがデモに反対して集まりました。警察が、デモ主催者を説得し、デモは10メートルも進まず中止になりました。警察や集まった方々が守ってくださって、わたしはデモ主催者に「差別を止めてほしい」と書いた手紙をその場で渡すことができました。デモが多くの人たちの声で中止になったことはテレビなどで大きく報道されました。

4 「出て行け」「帰れ」という表現が壊すもの

こうしたなかで、わたしが名前と職場を明らかにして発言し、それが報道されたことから、2016年3月ごろからわたしへの個人攻撃がインターネット上でおこなわれるようになりました。その多くがヘイトスピーチをともなうものでした。それまではネット上でそのようなわたしに対する書き込みは1件もありませんでした。

被告がわたしについて本件投稿1をブログに書き込んだのは2016年6月14日です。「川崎デモ　崔江以子、お前何様のつもりだ!!」とのタイトルで、「何が『（外国人）在日コリアン）が住みよい社会になってこそ、日本人も暮らしやすくなる』だ！日本国は我々日本人のものであり、お前らのものじゃない！『外国人（在日コリアン）が住みよい社会』なんて、まっぴらごめんだし、そんな社会は作らせない。思い上がるのもいい加減にしろ、日本国に仇なす敵国人め。さっさと祖国へ帰れ」と書かれていて、衝撃を受けました。

わたしは、2013年5月の川崎駅前デモでも、目の前で「出て行け」と言われました。この大勢のヘイトデモには偶然遭遇してしまったのですが、200人ぐらいの大きなヘイトデモで、そのヘイトデモ参加者が、「出て行け」「帰れ」と叫んでおり、大変恐ろしい思いをしました。

その後、2015年、2016年の桜本へ向けられたデモでも、デモ隊の人たちから直接「帰れ」「出て行け」と言われました。

ふれあい館に出会って、「自分が何者であるか」を考え、さまざまな被差別を見つめ、民族名で生きることを選択した。自分がそうしてもらったように、後輩たちに支えになりたい、子どもたちにこんな思いをさせたくない。そういう思いでふれあい館で過ごして、たくさんの子どもたち、ハルモニたちに出会ってきました。

しかし、なかにはわたしと反対で、この地域から外に出るときに、初めて日本の名前を新しくつくる子どもたちもいました。保育園、小学校、中学校と、この桜本のなかで、違いは豊かさだと尊重されるなかで過ごしてきた子どもたちが、15の春に、希望の春なのに、差別から身を守るために自分の出自を隠すための名前をつくらざるをえないのです。その葛藤、痛みに寄り添い、保護者との話し合いなど、そういう場面にいっしょにいながら、わたしとまったく反対のほうに選択させてしまっていることをつきつけられながら、送り出すしかできませんでした。わたしが「あなたの名前が素敵だ」とか、「あなたが悪いんじゃないんだ」などと伝えても、やはり桜本を出ていくときに、差別されることへの恐怖と向かい合い悩む子どもたちに、「じゃぁ、この名前で差別されたとき助けてくれるのか」「差別されない保障をしてくれるのか」と問われました。かつてわたしが差別されないように日本人になりたいと思っていたときと、20年、30年のときを経ても、同じように巻き戻ってしまうのです。そんな子どもたちにわたしが約束してきたのは、「毎回差別されるたびに助けには行けないけれども、ふれあい館で一生懸命仕事をして、差別にあってしまったときに『やめなよ』『許さない』と差別を批判する仲間を増やすよ、差別をすぐにゼロにすることはできないけれども、『差別おかしいよ。まちがってるよ』と言ってくれる仲間を増やすためにここでがんばるからね、いつでも帰っておいで」ということです。

でも、ヘイトデモやネット上のヘイトを見て、毎日ここ桜本で一生懸命がんばっても、「出て行け」「日本からいなくなれ」の言葉に、自分たちがここでしてきたことが全部無効化されるように感じました。「出て行け」という意味は、「いま、ここから出て行け」という意味だけではなく、「お前たちはこの社会の一員ではない」「カウントしない存在なんだ」「ゼロなんだ」「意味のない存在なんだ」という意味だと突き落とされるように感じています。

「祖国へ帰れ」「日本から出て行け」という言葉は、わたしたちが毎日この地域で、暮らしのなかで積み重ねてきた、ともに生きる共生社会をその一言で破壊する、その破壊の力がすごく強い言葉だと思います。出会ってきた人たちや、重なってきた言葉や想いまで無効化されるようでした。

わたしは家を出て出勤するときに、毎日地元の商店街の人たちや地域の人とあいさつを交わし、「今日もがんばってね」、「あぁやっと今日は顔見られた」「家族の体調はどうか」など言葉をかけてもらい、公園の近くを通ると、町内会のみなさんがグランドゴルフの練習をされていて、「館長さん、行ってらっしゃい」と「チェさん、行ってらっしゃい」と見送ってくれます。また、ふれあい館にいれば、わたしをめざして来てくれる、そういうありがたい子どもたちも若者たちもいます。館を利用する町内会のカラオケサークルや、踊りのサークルの方は「館長さんに会えるとうれしいわ」「いつも気にかけてくれてありがとう」と声をかけてくれます。小学校・中学校・高校・大学での授業や、ハルモニたちとの余暇活動、市民向けの人権講座の企画実施など、多様な世代と出会い、つながり仕事をしています。地域の会合では「新聞を読んだよ。がんばっているね」「応援していますよ」と励ましてもらい、地域のお祭りに参加すると「チェさん!」「館長さん!」と町内会のみなさんが喜んで輪踊りのなかに招いてくれ、いっしょに楽しく踊ります。学校教育推進会議や、地域教育会議などに参加して、日ごろから地域のさまざまな人たちとつながっています。わたしに対して「出て行け」という言葉は、わたしの存在そのものをなくすだけではなくて、わたしとつながっている人たちまでもおとしめ、「価値がない」、こう言われているように感じます。

「出て行け」「帰れ」と言われても、出て行く場所なんてありません。わたしはここで生まれ育ち、わたしの故郷は桜本です。韓国に親戚はいますが、韓国は帰る場所ではなく、訪ねる場所であり、わたしの帰る場所は桜本です。「出て行け」「祖国へ帰れ」と言われると、存在自体を全否定され、これまで生きてきた時間を無効化され、そして未来を生きる時間まで奪われてしまうようで、言葉も出てこなくなり、反論の言葉も出ません。

被告がこのような書き込みをした当時、すでにネット上で多数の差別的書き込みがなされていましたが、わたしの名前を名指して、「敵国人」としてこれほど強烈な敵意を示し、「帰れ」として社会から排斥しようとする表現はありませんでした。

また、被告はブログだけではなく、ツイッター上でも、このブログの書き込みを紹介しつつ、「いつも、ありがとうございます。崔江以子への批判を書いたブログ記事でも書きましたが、彼らにとって都合のいい日本にするなんて、絶対に御免被りたいです。おっしゃるとおり、彼らにとって居心地が悪い日本にして、愛する祖国へ返してあげましょうw」（2016年6月24日）とも書いて、祖国へ帰れ、と重ねて表現しています。

「帰れ」「出て行け」というわたしへの言葉は、わたしとつながる家族をもひどく傷つけるものです。2015年に初めて桜本にデモが来たときに、わたしが「朝鮮人、朝鮮に帰れ」と言われている横に当時中学1年生の寧生がいました。自分の親が「朝鮮人なんか出て行け、帰れ」と言われて傷ついているという、見せたくない姿を見せてしまうことになりました。

しかし、わたしはもうひとりに、一番見せたくない姿を見せてしまいました。ヘイトデモの解散地点には、道路の反対側にわたしのオモニが立っていたのです。自分の子どもが「朝鮮に帰れ」と言われて傷ついているという、一番見せたくない姿を、わたしのオモニに見せてしまうことになりました。見せてはいけない人、見られてはいけない人の前で、あの言葉をわたしは受けてしまったのだと思いました。当日、オモニとは「気をつけて帰って」「雨に濡れて大丈夫かな」などの会話はしましたが、デモから8年経った今日まで、あの日のデモのことは一度もオモニとは話をしていません。あまりにひどい場面をともにしてしまった深い心の傷で話をすることはできないままです。

当時のデモで言われた言葉による心の傷は癒えていません。デモの現場は職場のすぐ近くで生活道路なので、そこを通るたびに傷口が開く思いです。

デモでの表現自体はその場で消える面もありますが、インターネット上の書き込みは、一瞬ではなく、一度書き込まれたら転載されるなどして拡散し、完全に削除することはほぼ不可能です。削除されないあいだは、ずっとネット上で全世界に向かって、「崔江以子、お前何様のつもりだ！」「日本国に仇なす敵国人め。さっさと祖国へ帰れ」などの表現が発信されつづけ、誰もが見ることができる状態です。言葉のナイフがずっと体に突き刺さったままです。

被告の書き込みは寧生がすでにネットで見てしまっていました。寧生は怒り悲しみ、ひどく傷つき、わたしに、こんな書き込みも消すことができないのか、と訴えてきました。

5 法務局への削除の要請

すでに2016年8月には、グーグルなどの検索エンジンでわたしの名前を検索すると80万件もヒットするようになり、なかには「死ね」などと脅迫的なものもあり、わたしは警察に被害を届け出ました。

師岡弁護士に相談し、脅迫的な書き込みをおこなっていた「極東のこだま」というアカウントを使っていた人については脅迫罪で告訴しました。

また、被告による本件投稿1をふくむブログ2件、ツイート25件など（寧生に対するものもふくむ）について9月16日に法務局に人権侵犯被害申告事件として削除要請をおこないました。

その結果、法務局は9月27日には被告による書き込みは人権侵犯であり違法であるとして、運営会社のサイバーエージェントに削除要請をし、同社は即日削除してくれました。国や運営会社の対応に救われる想いでした。

ところが被告は、それで反省するどころかわたしを逆恨みし、翌10月以降、ブログ、ツイッターで、わたしを「被害者づらした差別の当たり屋」などと攻撃する書き込みを始めました。その後も、川崎市での人権条例制定のとりくみなどについてわたしが報道されるたびにかならず、また、そうでないときもしばしば「絶対に、許しません」などとわたしを攻撃する書き込みを続けました。

6 インターネット内外のヘイトスピーチによる被害の実態

警察にインターネット上のヘイトスピーチについて被害届を出したあとは、近所の交番の方が、自宅周辺のパトロールをしてくれるようになりました。それはありがたいことでしたが、同時に警察も、いつネットの書き込みが現実の物理的攻撃になるかわからないと判断しているということであり、それからわたしの日常生活は一変しました。常に差別主義者たちからの攻撃への恐怖のなかに陥れられ、平穏な、なにも考えずに家族と談笑する生活は壊されました。

警察の方のアドバイスにしたがい、わが家は表札を外し、外線電話を切り、インターフォンの電源を切りました。名前が記してある子どもの傘は家のなかにしまい、外で子どもと会ってもけっして声をかけ合いません。小学生の次男とは二人でいっしょにコンビニに買い物に行くことも、バスでとなりに座ることもできなくなりました。信号待ちをしているときにばったり会って、手を振ろうとした小学生の次男は、あわてて手を下ろし、家に帰って「手をふってごめんね」と謝ってきました。このように、ネットの被害は実生活にも大きな被害の影響をもたらします。

ネット上で攻撃する人、それを見て煽動された人が、いつどんなことを実際にしてくるか怖くて、年末に毎年家族で恒例にしていた楽しみの銭湯に子どもたちといっしょに行くこともできませんでした。それをあざ笑うように、大みそかには、「おれが見えないのか　すぐそばに住んでいるのに〜♪#桜本、#チョーセン」とツイートされ、眠れないままお正月の朝を迎えました。

それ以降も継続して週末を中心に執拗に中傷や攻撃的なツイートが止まらず、増えつづけました。２０１７年の５月の連休には「しね」という言葉を用い、ナタの購入や、外出の際わたしに会わないかなどとツイートされ、外出するときに緊張して玄関を出ることが続きました。

２０１６年８月24日には、職場にわたしの写真といっしょにゴキブリの写真の切り抜きが多数詰められた匿名の手紙が届きました。２０１７年８月25日には職場に頭と胴体が切断されたゴキブリの死骸が届きました。あのときのショックは今でも忘れられません。その日は何度も吐き、郵便物を開封することができなくなりました。今でも郵便物を開封するときにそのトラウマに心が支配され動けなくなることがあります。

ネット上だけでなく現実にも攻撃され、どこにも居場所がなく苦しみました。ゴキブリ朝鮮人とネットに書く人か、その書き込みを見た人が送りつけてきたかと思うと、ヘイトがあふれるネットに接すること自体に恐怖を感じますが、次にどんな攻撃がされるのか危険を察知するためチェックしなければなりませんでした。ネットの書き込みを見なければいいという人もいますが、自分を、家族を守るためには見ざるをえないのです。

さらに、わたしだけでなく、桜本に対するヘイトデモに抗議した中学生の寧生もネット上での攻撃対象となりました。２０１８年１月には、「写楽」と名乗る人のブログにおいて、当時中学３年生の子どもに対し名指しで「見た目を誤魔化し名前なども成り済ます」「在日専用の犯罪用氏名」「如何にもバカ丸出しで、面構えももろチョーセン人面」「悪性外来寄生生物種」「チョーセン・ヒトモドキ」などとの書き込みがなされ、寧生もわたしたち家族もとても傷つきました。寧生は高校受験の時期でしたので、書かれたことで、犯罪者と思われて落とされるのではないか、また、高校に進んでも新しい友人たちがこの書き込みを見てしまうのではないかとつらい思いをさせてしまいました。わたしは、自分への差別書き込みもつらかったですが、外国人の自分が親であるせいで子どもがこんなに差別されて苦しんでいるのを見て、言葉にできない痛みを感じました。

「極東のこだま」については2019年12月に「神奈川県迷惑行為防止条例違反」で罰金30万円の略式命令が出ました。処罰されたので、それ以降は次男ともいっしょに出かけることができるようになりました。でも、小学生時代のまだ親といっしょに手をつなぎたい子どもに、他人のふりをさせたつらい時間は戻ってきません。

また、2020年1月には職場のふれあい館に脅迫葉書が届き、脅迫電話も続きました。これらはインターネット上の表現ではありませんが、被告をはじめとする、インターネット上で執拗にわたしを攻撃している人たちか、もしくは、そのようなネット上の書き込みに煽動された人たちが実際の攻撃に出たのではないかと恐怖に心が支配される時間が続きました。

7 被告への提訴の経緯

被告は、２０１６年9月に本件投稿１のブログが削除されたあと、それを逆恨みして延々とわたしを攻撃し、２０２０年10月31日にも「相変わらず被害者ヅラした『差別の当たり屋』、在日朝鮮人のＣ！」とのタイトルのブログを投稿しました。この間、４年以上にもわたり、ブログで約30回、ツイッターで約40回、合計約70回ものわたしを攻撃する書き込みをされました。

「極東のこだま」をのぞき、ここまでわたし個人に名指しで執着して攻撃しつづけている人はいません。２０１９年12月27日に「極東のこだま」への刑事処分が報道された直後の12月30日にも、それで自分がやってきたことを省みるどころか、わたしを「悪質」「差別の当たり屋」と攻撃するブログを書きました（甲第14号証）。このブログを読んで、「極東のこだま」の刑事処分でほっとした気持ちも吹き飛んでしまいました。

これだけの理解しがたい異様な憎しみを4年以上も持ちつづけている被告が、職場に脅迫電話をし、脅迫郵便物を送ってきているのではないかと恐怖感が募りました。警察の警備は２０１６年8月以降、現在まで続いていますが、警察には被告の書き込みを資料として提出していました。

また、職場だけでなく、わたしの住所も調べて攻撃してくるかもしれないと思い、川崎区役所に対し、住民票をわたし以外の人がとることができないよう、「住民基本台帳事務における支援措置」の申出をしていますが、そこに2020年から加害者として被告のアカウント名を明記しています。川崎区役所は、わたしの相談先である警察署の警務課に確認したうえで、毎年支援措置をとってくれています。

2020年10月の被告の書き込みは、川崎市差別防止対策等審査会が条例にもとづいて、わたしに対するネット上の差別書き込みの一部について差別と認定する答申を出したことに対するわたしのコメントを非難するブログでした。わたしが条例にもとづいて適法に申請をし、正当に認定されたことについて「被害者ヅラして差別の当たり屋」と誹謗中傷していました。また「崔おとなしくしていろよ」「絶対に許しません」「崔お前だよ」などとツイートがあり、これはもう、被告の攻撃を止めるためには、被告を特定する裁判をせざるをえないと思いました。また、職場への脅迫年賀状や脅迫状が届くたびに、真っ先にこれまでの「日本に仇なす敵国人め、さっさと祖国へ帰れ」という書き込みや、誹謗中傷や、ツイッターでの「崔おとなしくしていろよ」「絶対に許しません」「崔お前だよ」とわたし個人への強い排除や恨みをもつ被告によるものではないかと思い、そして次は被告がわたしの前に実際に現れるのではないかと常に怖かったので、被告を特定してこの恐怖から逃れたいという気持ちもありました。

2020年12月に、運営会社のサイバーエージェントに対し発信者情報開示仮処分申立てをし、仮処分決定がでたので、2021年3月にアクセスプロバイダのNTTコミュニケーションズに対し発信者情報開示請求訴訟を提起しました。2021年1月13日付で開示を命じる仮処分決定が出たのですが、サイバーエージェント側が保全異議を出したので、さらに争うこととなりました。2月19日には東京地方裁判所は仮処分を認可する決定を出してくれました。それで、やっとIPアドレスがわかったので、3月にはアクセスプロバイダのNTTコミュニケーションズを被告として東京地方裁判所に対し発信者情報開示請求訴訟を起こしました。6月17日に勝訴判決が出て、発信者が投稿に使ったアカウントの契約時の名前と住所がわかりました。

代理人の弁護士が住民票をとったところ、現在そこには住所がないことがわかり、さらに調べてもらい、現在の住所と思われるところがわかりました。

次にはその住所に問い合わせの内容証明郵便を出してもらい、返事が来て、1年近くもかかってやっと書き込みをした本人が特定できました。

ようやく本人を特定することができたので、2022年11月に損賠賠償を求める民事裁判を横浜地裁川崎支部に提訴しました。

8 裁判所への願い

わたしは外出時には常に防刃ベストを着て、防刃アームカバーをつけるようになりました。今でもひとりで電車に乗って出かける際には、マスクにサングラスをかけるなど、常に注意をせざるをえず、心身が休まるあいだがありません。

今回、被告を特定し、裁判をしたことで被告によるネット上の攻撃は止まりましたが、被告がまったく反省していないことから、またこの裁判を逆恨みして隠れてさらに悪質な攻撃をされるのでは、と怖いです。

被告が裁判前に神原元弁護士に送ってきた手紙にはわたしに対し、「誹謗中傷を行い、崔様の人格権を傷つけ名誉を侵害したことを心よりお詫び申し上げます」と書かれていましたが、裁判になったら、わたしに向けた表現であること自体を否定して、この手紙は「裁判手続きは双方に負担になることから」謝罪の意思を表示したのみであるとして、あたかもわたしの裁判の負担を慮っての表現と主張してきました。しかし、わたしが発信者情報開示裁判2件と民事裁判の提訴という非常に重い負担を負わざるをえなくなったのは、被告が5年近くも執拗にわたしをネット上で攻撃してきたからなのに、被告がわたしの裁判の負担を慮るなんて欺瞞でしかありません。あの手紙は自分が裁判を提訴されたくないためだけに書いたもので、逆恨みで5年近くも攻撃してきたことを反省していないことがよくわかりました。

そのため、継続して警察署に相談をおこない、被告がわたしの住所を特定できないように、住民基本台帳事務における支援措置の更新手続きをしました。加害者の欄には被告の名前と住所を記した申請書を提出し受理されました。警察のパトロールや、行政手続きをとることでなんとか恐怖に耐えてきました。

被告がしたどの書き込みも、大変つらいですが、なかでも「祖国へ帰れ」というヘイトスピーチに追いつめられてきました。誰でも見られるネット上に「祖国に帰れ」と書かれたことで、多くの人に日本にいてはいけない人間だ、こいつを攻撃しろと標的のように示されました。

寧生は心配して毎日のようにわたしへの書き込みをチェックしていたので、被告がした書き込みを見てしまいました。自分の親がそのように扱われたことを当時中学生の子どもがどう受け止めたか、そしてどう心が壊れないように奮い立たせ生活してきたかと想像しただけで、わたしが親であることで、つらい思いをさせてきたことに胸が張り裂ける想いです。

日本と朝鮮にルーツがあることを、地元桜本の地域や学校で「違いは豊かさだ」と多様性を尊重され、自らのアイデンティティを確立してきた長男が、『祖国へ帰れ』と言われても体は半分にできないし、心も体もバラバラにされたようだ」と言いました。

「祖国へ帰れ」というヘイトスピーチは、在日一世のハルモニ方が、一番つらいという言葉です。来たくて来たわけではないのに、どうして今さら帰れというのか。今までたくさん差別をされてきたけれど、このヘイトスピーチが今まで受けた差別のなかで一番つらいと胸をたたいて涙を流された言葉です。

「祖国へ帰れ」というヘイトスピーチは、これまで社会が築いてきた共生社会そのものを否定し、日本人以外は市民として認めないという差別排除を象徴する言葉です。

この「祖国へ帰れ」というヘイトスピーチを受けて、わたしは命をつないでくれた、親の生、これまでのわたし自身の生、大切な子どもの生、そして未来を生きることまでをも、否定されたかのように感じました。

被告のその後の「覚えておけ」「絶対に許さない」「チェお前だよ」という脅迫が実際にわたし

に対する暴力として起こるかもしれないという恐怖、そしてこの書き込みにふれた人が煽動されて暴力におよぶのではという恐怖にさらされつづけた5年間でした。その恐怖から解放されて生きることができる明日がわたしにはもう一生来ないのではないか、死んでしまったほうが楽なのではないかと生きる気力を失ったことは少なくありません。

わたしは日本に仇なす敵国人でも、差別の当たり屋でもなく、ひとりの人間であり、被告と同じように家族や子どもがいる生活者です。わたしを名指しした被告の差別投稿が拡散されていくのをみると、もう二度と書かれる前の自分には戻ることはできない、と絶望の闇に飲み込まれます。

今回、わたしがこの裁判を起こしたのは、その絶望の闇に殺されないため、死なないためです。絶望の闇が明け、わたしにも朝が来ることを、差別を許さない司法判断によって示してほしい。絶望の闇を、差別を許さない司法判断の希望の光で照らしてほしい。

この想いに裁判所が真正面からしっかりと向かい合ってくれました。

「いい判決は、いい準備書面から」という言葉どおり、最善を尽くしてくださった神原弁護士をはじめ弁護団のみなさんのご尽力のおかげです。全国から100人近い弁護士さんが弁護団に名を連ね、裁判の期日には京都や愛知からも弁護士さんが駆けつけてくれました。

そんな心強い反差別弁護団や、説得力のある意見書を作成してくださった板垣竜太さん、若林三奈さん、被差別体験のつらいアンケートに協力してくださった方々、つらい被差別経験をもとに陳述書を書いてくださった方々、支えてくれた家族、職場、ヘイトスピーチを許さないかわさき市民ネットワークのみなさん、川崎読書会のみなさん、地域のみなさん、裁判の傍聴に沖縄、大阪、京都、滋賀、カナダから駆けつけてくださった方々、この裁判の行方を心配して応援してくださったみなさん、そして報道の力で支えてくれたメディアのみなさんのおかげで、ヘイトスピーチ解消法を実効性のあるものにした、想像以上の尊い判決を得ることができました。

9 「さべつはゆるしません」

判決の言い渡しのあと、ずっと支えてくれていた、職場の尊敬する先輩である三浦知人さんが手渡してくれた〝勝訴旗〟を寧生がもち、師岡弁護士と3人で裁判所の外へ向かいます。門の前では中根さんや神奈川新聞の石橋学さんや応援してくれたみなさんが笑顔で待っているのが見えます。毎回重い足取りで通った裁判所のアプローチを、裁判所の正門に向かって寧生が胸を張って堂々とゆっくりと歩きます。たった20歩、ほんの数十メートルの距離を一歩一歩思いをかみしめながら、裁判所の表から入るのがしんどくて、裏口から入ったことなどを走馬灯のように思い出しながら歩みました。

「おめでとう!」「よくがんばった!」。たくさんのお祝いの言葉と労いと温かい拍手で迎えてもらい、寧生がその腕を精いっぱい高く掲げて開きはためいたのは「さべつはゆるしません」の

10文字。これがわたしの勝訴にかわる勝訴以上の価値ある言葉です。
この旗は、判決の前日、ずっと心配をして応援をしてくれていた桜本のハルモニ方が一文字一文字思いを込めて記してくれた旗でした。国へ帰れと言われることが一番つらいと胸をたたいて涙を流してきたハルモニ方が、裁判所が差別を許さず、断罪することを願って記してくれた尊いものです。そのハルモニたちの想いが拍手に包まれます。裁判のたびに大阪から応援に駆けつけてくれた李信恵《リシネ》おんには泣きながら笑っています。裁判の報告集会で毎回自分の痛みを思い起こしながらエールを送ってくれた在日の先輩、朴慶南《パクキョンナム》さん、辛淑玉《シンスゴ》さん、深沢潮《うしお》さんも笑顔です。いつもみなさんから寄せてもらった「ひとりじゃないよ」の支えにどれだけ励まされてきたかわかりません。インターネット上の差別書き込みに対して〝次世代が差別の矛先を突き付けられないために〟と裁判を闘うフォトジャーナリストの安田菜津紀さんや、報道で応援してくれたメディアのみなさんのカメラのファインダーを覗く表情も柔らかです。

その後の記者会見は、神原弁護士の「ヘイトスピーチに対する画期的な判決が出たのでご報告します」という言葉で始まりました。「『帰れ』はヘイトスピーチの典型中の典型。長年在日コリアンを苦しめ、今もネット上で苦しめているヘイトスピーチを断罪したものであります」「この判決は、現在もインターネット上でくり返されている在日コリアンに対するヘイトスピーチを厳しく断罪したものであります。また、この判決は、理念法にとどまるとされてきたヘイトスピーチ解消法2条の『不当な差別的言動』に該当すれば、人格権侵害として違法であるとして、同法を補充し、実効あらしめるものきわめて大きな意義を持つ判決と言えると考えています。弁護団としては、本判決の意義とこの裁判の意義と成果を全国に広げ、ヘイトスピーチ根絶のために今後もみなさんといっしょに闘っていきます」との力強いコメントに大きな拍手がわきました。

続く報告集会では、三浦知人さん、川崎駅前読書会の高畠悦子さん、金尚均《キムサンギュン》さん、李信恵さん、金秀煥《キムスファン》さん、蒔田直子さん、深沢潮さん、辛淑玉さん、朴慶南さん、中村一成《イルソン》さん、師岡康子さんから喜びあふれるスピーチをしてもらいました。裁判のたびに開かれた集会では「国へ帰れ」という言葉の痛みがひりひりと語られてきましたが、これまでと違ったのはその痛みが判決への喜びで上書きをされたことでした。

裁判をするかどうか悩んだときに、そっと背中を押してくれた中村一成さんは「崔江以子さん、そして弁護団や支援者ら共に前に歩んだ方々の連なりで勝ちとったこの判決を最大限に使い、今とは違う未来、『人が生きるに値する社会』、『差別のない社会』、『人が理不尽に攻撃されない社会』をつくっていく。これは闘いを通じてつながったわたしたちの役目であり、義務です。崔さんが、文字どおり身をよじる闘いで拓いた地平をわたしたちの力でさらに拡張していく。わたし自身、その決意を新たにしています。たしかに壁は大きく厚いけど、現実を見てください。桜本の闘いが決定打を打ったヘイトスピーチ解消法の成立や、その後の刑事罰条例の制定、それから今日の判決と、十数年前の京都朝鮮学校襲撃事件のときには『夢想』だったことが実現していきます。闘いでつながったわたしたちには『夢』を現実の『進歩』に変える力がある。進歩とは『闘いを通じて結束した人々の集合的な想像力の産物』と言ったのはブラック・フェミニストのアンジェラ・デイビスです。そのとおりだと思います。今日の大勝利を次の進歩へのスタートにしたい」と、これからへ活かす約束の言葉でスピーチを結びました。

これまで、裁判の負担を鑑みて被害当事者が裁判に訴えることに反対していた師岡さんとはこの数年間、何度も話し合い、意見が一致しないこともありました。それでも今回は、被害を止めるために裁判をすることに同意してくれました。不安で落ち込んだり、八つ当たりをしたり、ずいぶん心配をかけましたが、根気よく寄り添ってくれました。いつもは冷静な師岡さんが「ずっといろいろと間近で見てきたので……、本当に本当によかったと思います……」と少し声を震わせて話しはじめました。「今はまだ差別禁止法がないけれども、ヘイトスピーチ解消法を機能させること、そして本当の差別禁止法をつくることをマジョリティの責任として、みなさんといっしょに実現していきたいですし、今まだほかの在日コリアンの人たちが裁判を続けているところではありますけども、連戦連勝で勝つのはもちろんで、本当は被害者がわざわざ裁判をやること自体をもうやめさせたいです。学者は判例を積み重ねればと気軽に言いますけども、本当に命の危険にまでさらされながらやっていることはわかってないと思います。差別的言動が違法との判決を今回、当事者の身を削る努力で勝ちとることができたのだから、ここから先は、この判決を法的根拠として、インターネット上のヘイトスピーチもふくめた差別を禁止する法律を力を合わせてつくりたいので、ぜひみなさん、いっしょにがんばりましょう」と差別禁止法実現にむかってさらに歩みを進めるという〝希望の宣言〟で報告会が締めくくられました。

判決の翌日。報道に触れたハルモニ方から喜びいっぱいの連絡をいただきました。近所の方、桜本1丁目町内会の方々や桜本商店街のみなさんや、地域の学校の職員のみなさんからも「よかったですね」「安心できますね」うれしいお祝いのお声がけや連絡をいただきました。

判決後少しまとまった休みをとり、師岡さんと沖縄で過ごしました。緊張がほぐれ、秋の空は高く青く美しいことを感じ、波の音を聞いて穏やかな気持ちになり、風にたなびく花々に心癒される時間を持つことができました。それに、ごはんってこんなにおいしいんだ、とも。よく笑い、よく食べて、深呼吸して、よく眠ることができました。少しずつ少しずつ日常を取り戻すような旅でした。また、沖縄タイムスの阿部岳記者や、沖縄市役所前で〝ゆんたく〟をしながら差別街宣を防ぐ活動をする「沖縄カウンターズ」のみなさんからも裁判を応援してもらっていたので、ガジュマルの木の下で木漏れ日に祝福されながら判決を報告して、みなさんに喜んでもらうことができました。

11月1日、控訴期限までに相手もわたしも控訴しなかったことが、裁判所から広報されました。「祖国へ帰れ」は「差別」だから「違法」で「賠償責任がある」という司法判断が確定しました。メディアのみなさんから「おめでとうございます」「本当によかったですね」と喜びのご連絡をいただきました。メディアのみなさんが報じて世論を興し、支えてきてくれたことにも心から感謝の気持ちでいっぱいです。

残念ながら、判決が確定しても被告からは謝罪の言葉はいっさいありませんでした。この被告の態度を見て、手紙を読んだときに〝気の毒だな〟と裁判を迷ったのですが、示談にせずに司法判断を求めて本当によかったと実感しました。

判決からの日々、わたしの喜び以上に、この差別に痛めつけられてきた人たちの、わがことのように喜び安堵する姿にふれてきました。

地域を歩いていたら、わたしの手を握り「俺たちの悔しい想いをはらしてくれてありがとう」と涙する方、職場でこの言葉をぶつけられて休職に追い込まれた方、子どもが自分と同じ差別を受けないように国籍変更された方から喜びと安堵のお声がけやご連絡をいただきました。

地域の在日の先輩からは、会うたびに「ありがとう」と熱い握手をされます。「桜本のジャンヌ・ダルクだ」とビールをごちそうしてくれた大先輩の笑顔の眼には、うっすらと涙がにじんでいました。師岡弁護士と桜本で食事をしていたときに「弁護士さん！　勝ってくれて本当にありがとうございます！」と在日の方に大感謝をされて何度もお礼を伝えられ、師岡さんが恐縮するほどでした。わたしだけでなく、「国へ帰れ」という差別に傷つけられたみんなの勝利だとかみしめました。

10 前へ。前へ。ともに。

判決から数か月、喜びと希望を胸に、今日よりいい明日へ、前を向いて過ごしていました。3月のある日、神奈川県の高校での授業の準備のために資料を検索していたところ、「川崎の崔江以子！お前、何様のつもりだ！日本から出ていけ！」という文字がとびこんできました。驚いて思わずクリックしたら、そこには「崔江以子！お前、何様のつもりだ！日本から出ていけ！このチンカス犯罪者民族が！崔江以子！この書き込み見てるか？あ？さっさと通報しろよ！バカ野郎！死ね！」や「崔江以子に贈る言葉」として「死ね・くたばれ・消えろ・失せろ」「下等種族・劣等民族」「社会の敵・犯罪者・反乱者」「ウジ虫・害虫」といった206におよぶありとあらゆる差別語や侮辱の言葉が連なっていました。目の前が真っ暗となり動悸が止まらず、言葉を発することもできなくなりました。

この投稿がされたころ、わたしはただ生活をしていただけでした。桜本の公園には春の訪れを知らせる河津桜の蕾がほころび、菜の花の柔らかい黄色の花が日の光をあびて輝く。そんな花々をスマホで写真に収め、大切な人と分かち合いささやかな幸せを感じる。スーパーで野菜の価格が下がっていたらほっとし、家族がごはんを「おいしい!!」と喜んでくれたらうれしくて、そんな生活をただ営んでいただけでした。社会に向かってなにかを発信しても攻撃され、季節の移り変わりや花のほころびを喜んでいるだけでも差別の攻撃が降ってくることを思い知らされ、絶望的な気持ちでした。「またか」「またた」と落ち込み、あきらめに近い気持ちにもなりました。

それでも刑事告訴に踏みきったのは、この終わりがないような絶望的なネットのヘイトの闇に飲み込まれ、死なないため、殺されないためです。インターネット上の差別がやまない社会が1ミリでも良くなるために被害を届けました。

ちょうど2021年3月、「コロナ入り」「死ね、死ね、死ね」と書き連ねた郵便物が送りつけられた脅迫事件の捜査が時効を控えていました。犯人が特定されず、また攻撃されるのではという恐怖があり、被害を届け、生きることをあきらめないという想いでした。

残念ながら、今の日本社会では当事者が声を届けないと差別の被害を伝えることができません。死なないため、殺されないため、とりわけインターネットの環境が1ミリでも改善されるよう、社会を信じて被害を届けるしかありません。2024年8月末現在、警察の捜査により行為者が特定されようとしています。

匿名でなされるインターネット上のヘイトスピーチが許されず、特定され処罰を受けるという、またひとつ信じるに値する社会であることが示されると信じています。

ともに生きることをあきらめず、死なずに殺されずにここで生きていきます。判決が示してくれた希望を胸に。前へ。前へ。ともに。

【注】

＊1　判決の概要は武蔵小杉合同法律事務所ウェブサイトを参照ください。http://www.mklo.org/archives/1509

＊2　「川崎市ふれあい館条例」https://www.city.kawasaki.jp/templates/outline/cmsfiles/contents/0000007/7425/file13355.pdf

◆崔江以子さんが提起した「祖国へ帰れは差別」裁判の横浜地裁川崎支部2023年10月12日判決全文（横浜地方裁判所川崎支部令和３年（ワ）第913号判決正本）
http://www.mklo.org/mklo/wp-content/uploads/2023/10/1ea83a4df0a73825a94f851e472a2d79.pdf

◆横浜地裁川崎支部に提出した意見書全文（板垣竜太「『帰れ』発言に関する意見書」2022年11月28日）
https://researchmap.jp/read0201419/works/42192786

著者

石橋学（いしばし・がく）

1971年生まれ。1994年神奈川新聞社入社。報道部、運動部などを経て2018年から川崎支局編集委員。連載「時代の正体」で2015年度平和・協同ジャーナリスト基金賞奨励賞、2016年度JCJ賞、2020年度新聞労連ジャーナリズム大賞特別賞を受賞。『ヘイトデモをとめた街　川崎・桜本の人びと』（共著、現代思潮新社）。

板垣竜太（いたがき・りゅうた）

1972年生まれ。同志社大学社会学部教授。朝鮮近現代社会史・植民地主義研究。『日韓 新たな始まりのための20章』（共編、岩波書店）、『「慰安婦」問題と未来への責任』（共著、大月書店）、『ヘイトクライムに立ち向かう』（共著、日本評論社）。

神原元（かんばら・はじめ）

1967年生まれ。弁護士。自由法曹団常任幹事。神奈川県弁護士会所属。武蔵小杉合同法律事務所代表。『ＮＯヘイト！――出版の製造者責任を考える』（共著、ころから）、『ヘイト・スピーチに抗する人びと』（新日本出版社）。

崔江以子（ちぇ・かんいぢゃ）

在日コリアン3世。基本的人権尊重の精神にもとづき、差別をなくし、ともに生きる地域社会を創造していくため設置された「川崎市ふれあい館」に勤務。2016年3月、国会・参議院法務委員会にてヘイトスピーチの被害について参考人陳述。『根絶！ヘイトとの闘い――共生の街・川崎から』（共著、緑風出版）。2020年東京弁護士会人権賞受賞。

師岡康子（もろおか・やすこ）

弁護士。東京弁護士会外国人の権利に関する委員会人種差別撤廃PT委員。外国人人権法連絡会事務局長。人種差別撤廃NGOネットワーク共同世話人。国際人権法学会理事。早稲田大学非常勤講師。主著に『ヘイト・スピーチとは何か』（岩波新書）、『Q&Aヘイトスピーチ解消法』（共著・監修、現代人文社）。

装幀　宮川和夫
装画　京極あや
DTP　編集工房一生社

「帰れ」ではなく「ともに」
――川崎「祖国へ帰れは差別」裁判とわたしたち

2024年10月22日　第1刷発行

定価はカバーに表示してあります

著者　石橋学
板垣竜太
神原元
崔江以子
師岡康子
発行者　中川進

〒113-0033　東京都文京区本郷2-27-16
発行所　株式会社　大月書店
印刷　三晃印刷
製本　中永製本
電話（代表）03-3813-4651　FAX 03-3813-4656　振替00130-7-16387
http://www.otsukishoten.co.jp/

ISBN978-4-272-33116-1　C0036　Printed in Japan